DR. OETKER

MIKROWELLE

vielseitig und schnell

DR. OETKER

MIKROWELLE

vielseitig und schnell

Dr. Oetker Verlag

Vorwort

Mittlerweile gehört ein Mikrowellengerät fast schon zur Standard-Küchenausstattung. Nicht ohne Grund, denn sie bietet viele Vorteile, die sich nicht nur auf das Auftauen von Lebensmitteln oder Erwärmen von Gerichten beschränken sollten. So hilft die Mikrowelle auch beim Kochen Zeit zu sparen. Und nicht nur Zeit wird gespart: Bei der Zubereitung von 2–3 Portionen werden sogar bis zu 80 Prozent Energie gespart gegenüber den Garmethoden auf konventionellen Herden.
Ein weiterer Vorteil ist, dass hitzeempfindliche, wasserlösliche Vitamine und Mineralstoffe durch die verkürzten Garzeiten geschont werden.
Außerdem kann kaloriensparender gekocht werden, da die Zugabe von Fett oft nicht erforderlich ist. Und ein letzter Vorteil noch, der ja auch nicht zu unterschätzen ist: Oft wird auch noch Abwasch eingespart, wenn die Sachen direkt aus der Mikrowelle auf den Tisch kommen!

Abkürzungen

EL = Esslöffel
TL = Teelöffel
Msp. = Messerspitze
Pck. = Packung / Päckchen
g = Gramm
kg = Kilogramm
ml = Milliliter
l = Liter
evtl. = eventuell
geh. = gehäuft
gestr. = gestrichen
TK = Tiefkühlprodukt
°C = Grad Celsius
Ø = Durchmesser
E = Eiweiß
F = Fett
Kh = Kohlenhydrate
kcal = Kilokalorien
kJ = Kilojoule

Hinweise zu den Rezepten

Lesen Sie bitte vor der Zubereitung – oder sogar vor dem Einkaufen – das Rezept einmal vollständig durch. Oft werden Arbeitsabläufe oder -zusammenhänge dann klarer. Bitte beachten Sie auch den Ratgeber, denn er enthält neben wichtigen Hinweisen zum Umgang mit dem Gerät auch noch viele praktische Tips und Tricks, die den Einsatz der Mikrowelle noch effektiver machen.

Zubereitungszeiten

Die Zubereitungszeit beinhaltet sowohl Vorbereitungszeit, eigentliche Zubereitung und die Garzeit in der Mikrowelle. Die Nachgarzeit außerhalb der Mikrowelle ist nicht mit einbezogen. Wenn die Zeiten zum Gehen, Quellen, Kühlen, etc. ausgesprochen lang sind (z. B. über Nacht), sind diese nicht mit einbezogen.

35
30
25
20
15
10
5
4
3
2

Kapitelübersicht

Kapitelübersicht

Vorspeisen, Snacks & pikante Saucen

Roqueforttoast

Zutaten

4 Portionen

4 Scheiben Toastbrot
weiche Butter
4 Scheiben gekochter Schinken
4 Birnenhälften (aus der Dose)
4 TL Preiselbeerkompott
100 g Roquefort

Zubereitungszeit:
10 Minuten

Gesamtgarzeit:
etwa 5 Minuten

Pro Portion:
E: 14 g, F: 15 g, Kh: 27 g, kJ: 1291, kcal: 308

FÜR GÄSTE

1 Die Toastbrotscheiben mit Butter bestreichen, auf jede Scheibe je eine Scheibe Schinken und eine Birnenhälfte legen.

2 Das Preiselbeerkompott auf den Birnen verteilen, dann mit Roquefort belegen.

3 Die Toasts auf die Glasfettfangschale legen und in der 2. Schiene von unten in die Mikrowelle schieben.

Mikrowelle Watt	**Heißluft** °C	**Grill** °C/Stufe	**Zeit** Min.
300–360	220–230	–	5

Tipp: *Beim Überbacken von Gerichten mit Käse, den Garprozess beobachten.*

Abwandlung: *Toast „Hawaii“*
Anstatt der Birnenhälften 4 Scheiben Ananas aus der Dose gut abgetropft auf den Schinken legen, mit je einer von vier Scheiben Gouda oder Emmentaler belegen und backen wie oben.

Pflaumen oder Aprikosen pikant umhüllt

Zutaten

je 20 Stück

Für die Pflaumen:
20 große, entsteinte Backpflaumen
5 EL Portwein
10 dünne Scheiben durchwachsener Speck

Zubereitungszeit:
15 Minuten, ohne Marinierzeit

Garzeit:
15–19 Minuten

Pro Stück:
E: 1 g, F: 7 g, Kh: 8 g,
kJ: 440, kcal: 105

1 Für die umhüllten Pflaumen die Backpflaumen mit Portwein übergießen, zugedeckt mehrere Stunden marinieren, ab und zu umrühren.

2 Speck halbieren, die Pflaumen darin einwickeln und den Speck mit Zahnstochern feststecken.

3 Die Pflaumen auf Kross & Fritt-Papier legen und offen in die Mikrowelle stellen.

Mikrowelle Watt	**Heißluft** °C	**Grill** °C/Stufe	**Zeit** Min.
700–850	–	–	3–4

Zutaten

Für die Aprikosen:
200 g (20 Stück) getrocknete, weiche Aprikosen
4 EL Aprikosengeist
5 große Scheiben Mailänder Salami
5 Scheiben Serrano-Schinken

Zubereitungszeit:
15 Minuten, ohne Marinierzeit

Garzeit:
3–4 Minuten

Pro Stück:
E: 3 g, F: 2 g, Kh: 6 g,
kJ: 294, kcal: 70

4 Für die umhüllten Aprikosen die Aprikosen in dem Aprikosengeist marinieren, zugedeckt mehrere Stunden durchziehen lassen, ab und zu umrühren.

5 Die Salami- und Schinkenscheiben halbieren, die Aprikosen darin einwickeln und mit Zahnstochern feststecken.

6 Die Aprikosen auf Kross & Fritt-Papier oder in ein Mikrowellen-Geschirr legen und in die Mikrowelle stellen.

Mikrowelle Watt	**Heißluft** °C	**Grill** °C/Stufe	**Zeit** Min.
700–850	–	–	3–4

Tipp: *Die Pflaumen oder Aprikosen zum Aperitif reichen.*

FÜR GÄSTE

Marinierte Champignons

Zutaten

2–3 Portionen

Für die Marinade:
2 EL Olivenöl
100 ml heiße Gemüsebrühe
2 EL Zitronensaft
1 Lorbeerblatt
Salz
frisch gemahlener Pfeffer
1 TL italienische Kräutermischung
1 Knoblauchzehe

250 g kleine Champignons
1–2 EL gehackte Petersilie
Tomatenachtel
1 Kräuterzweig

Zubereitungszeit:
20 Minuten, ohne Durchziehzeit

Garzeit:
6–7 Minuten

Pro Portion:
E: 2 g, F: 9 g, Kh: 2 g,
kJ: 420, kcal: 100

FÜR GÄSTE

1 Für die Marinade Öl mit Brühe, Zitronensaft, Lorbeerblatt, Salz, Pfeffer und Kräutermischung in einem Mikrowellengefäß verrühren.

2 Knoblauch abziehen, durch die Presse drücken und in die Marinade geben.

3 Champignons putzen, mit Küchenpapier abreiben, evtl. abspülen, in die Marinade geben und zugedeckt in die Mikrowelle stellen.

Mikrowelle Watt	**Heißluft** °C	**Grill** °C/Stufe	**Zeit** Min.
700–850	–	–	6–7

4 Die Champignons mit Salz und Pfeffer abschmecken und über Nacht durchziehen lassen.

5 Die Marinade abgießen, Champignons mit Petersilie verrühren und mit Tomatenachteln und dem Kräuterzweig garniert servieren.

Beilage: *Baguette oder Toast mit Butter.*

Abwandlung: *Marinierte Austernpilze*
Für die Marinade den Zitronensaft durch Sherryessig ersetzen, statt der italienischen Kräutermischung Kräuter der Provence verwenden und statt Champignons die gleiche Menge in Stücke geteilte Austernpilze.

Spanisches Muscheltöpfchen

1 Zwiebel abziehen und fein würfeln. Porree putzen, längs halbieren, waschen und in dünne Ringe schneiden. Champignons putzen, mit Küchenpapier abreiben, evtl. abspülen, in Scheiben schneiden und mit Zitronensaft beträufeln.

2 Knoblauchzehe abziehen und fein hacken. Oliven in Scheiben schneiden. Tomaten halbieren, die Stengelansätze herausschneiden, entkernen und das Fruchtfleisch in feine Würfel schneiden.

3 Die Zutaten mit Butter in ein Mikrowellengeschirr geben und zugedeckt in die Mikrowelle stellen.

Mikrowelle Watt	**Heißluft** °C	**Grill** °C/Stufe	**Zeit** Min.
700–850	–	–	7–8

4 Miesmuschelfleisch unter fließendem kalten Wasser abspülen und gut abtropfen lassen. Das Muschelfleisch zum Gemüse geben, mit Salz, Pfeffer, Cayennepfeffer und Zitronenschale würzen und Sangrita dazugießen.

5 Die Zutaten gut durchrühren und zugedeckt weitergaren.

Mikrowelle Watt	**Heißluft** °C	**Grill** °C/Stufe	**Zeit** Min.
500–600	–	–	7–9

6 Das Muscheltöpfchen 3 Minuten zugedeckt außerhalb der Mikrowelle nachgaren lassen, dann nochmals mit den Gewürzen abschmecken und mit Kräuterzweigen garniert servieren.

Beigabe: *Baguette.*

Zutaten

2–3 Portionen

1 kleine Zwiebel
1 Stück Porree (Lauch, 125 g)
100 g Champignons
Zitronensaft
1 Knoblauchzehe
5 gefüllte Oliven
3 enthäutete Tomaten (etwa 300 g)
2 EL Butter
200 g Miesmuschelfleisch
Salz
frisch gemahlener Pfeffer
Cayennepfeffer
geriebene Zitronenschale
100 ml Sangrita pikante
Kräuterzweige

Zubereitungszeit:
35 Minuten

Gesamtgarzeit:
14–17 Minuten

Pro Portion:
E: 11 g, F: 13 g, Kh: 9 g, kJ: 823, kcal: 197

RAFFINIERT

Hasenterrine

Zutaten

10 Portionen

200 g Rehfilet
1 kg Wildgulasch
125 g durchwachsener Speck
125 g fetter Speck
2 abgezogene Schalotten
Salz
frisch gemahlener Pfeffer
geriebene Muskatnuss
je 1 Prise gemahlener Zimt, Nelken, Piment
Cayennepfeffer
1 EL frische Thymianblättchen
1 EL feingehackter Estragon oder gehackte Rosmarinnadeln
2 EL spanischer Brandy oder Weinbrand
1 Ei
5 EL Schlagsahne
Öl zum Ausfetten der Form
Lorbeerblätter zum Garnieren
Thymian- und Rosmarinzweige

Zubereitungszeit:
60 Minuten

Gesamtgarzeit:
25–30 Minuten

Pro Portion:
E: 19 g, F: 28 g, Kh: 7 g,
kJ: 1650, kcal: 394

GUT VORZUBEREITEN

1 Das Rehfilet unter fließendem kalten Wasser abspülen, trockentupfen und in 2 x 2 cm große Würfel schneiden.

2 Das Wildgulasch mit dem gewürfelten Speck und den Schalotten durch die feine Scheibe des Fleischwolfes drehen.

3 Die Fleischmasse mit Salz, Gewürzen und Kräutern würzen. Brandy, Ei und Sahne hinzugeben und gut verkneten.

4 Die Filetwürfel mit der Fleischmasse vermengen und in eine gut ausgeölte Porzellan- oder Pastetenform (etwa 1 ½ l Inhalt) fest eindrücken, die Lorbeerblätter, Thymian- und Rosmarinzweige auf die Terrine legen.

5 Die Form mit Mikrowellenfolie zudecken und in die Mikrowelle stellen.

Mikrowelle Watt	**Heißluft** °C	**Grill** °C/Stufe	**Zeit** Min.
700–850	–	–	5–7

und fortgaren

Mikrowelle Watt	**Heißluft** °C	**Grill** °C/Stufe	**Zeit** Min.
350–450	–	–	20–23

6 Die Terrine aus der Mikrowelle nehmen. Das Fleisch mit einem möglichst passenden Brett bedecken, dann mit 1–2 Konservendosen beschwert abkühlen lassen.

Beigabe: *Cumberlandsauce oder Brombeer-Orangen-Sauce.*

Porree-Tarte

Zutaten

Für den Teig:
150 g Weizenmehl
Salz
2 EL Wasser
100 g weiche Butter

Für den Belag:
375 g Porree (vorbereitet gewogen)
2 EL Wasser
100 g durchwachsener Speck
3 Tomaten
150 g Gouda
Salz
frisch gemahlener Pfeffer
geriebene Muskatnuss
1 Becher (150 g) Crème fraîche
3 Eier

Zubereitungszeit:
60 Minuten

Gesamtgarzeit:
21–26 Minuten

Insgesamt:
E: 95 g, F: 259 g, Kh: 134 g, kJ: 14192, kcal: 3391

FÜR GÄSTE

1 Für den Teig Mehl in eine Schüssel sieben. Salz, Wasser, Butter hinzufügen.

2 Die Zutaten mit Handrührgerät mit Knethaken zunächst kurz auf niedrigster, dann auf höchster Stufe gut durcharbeiten, anschließend auf der Arbeitsfläche zu einem glatten Teig verkneten, den Teig einige Zeit kühl stellen.

3 Für den Belag Porree längs halbieren, gründlich waschen, in feine Streifen schneiden, mit Wasser in ein Mikrowellengeschirr geben.

4 Speck würfeln, darüberstreuen und zugedeckt in die Mikrowelle stellen, zwischendurch einmal umrühren.

Mikrowelle Watt	**Heißluft** °C	**Grill** °C/Stufe	**Zeit** Min.
700–850	–	–	etwa 6

5 Die Masse etwas abkühlen lassen.

6 Tomaten waschen, abtrocknen, die Stengelansätze herausschneiden, die Tomaten in Würfel schneiden, Gouda in Würfel schneiden, Tomaten- und Goudawürfel zu dem Porree geben, mit Salz und Pfeffer würzen.

7 Den Teig in der Größe einer mikrowellengeeigneten Spring- oder Pieform (Ø 28 cm) ausrollen, die gut gefettete Form damit auslegen, den Teig am Rand etwa 2 cm hochdrücken.

8 Den Belag darauf geben und glattstreichen. Crème fraîche mit Eiern verschlagen, mit Salz, Pfeffer und Muskat abschmecken, über dem Belag verteilen und die Form offen in die Mikrowelle stellen.

Mikrowelle Watt	**Heißluft** °C	**Grill** °C/Stufe	**Zeit** Min.
150–200	220–230	–	15–20

Gefüllte Wirsingröllchen

1 Die Wirsingblätter gut abtropfen lassen, dann die dicken Blattrippen flach schneiden.

2 Kalbsbrät mit Crème fraîche, Zitronenschale, Senf und Meerrettich gut verrühren, mit Salz, Pfeffer und Muskat würzen, Petersilie unterziehen.

3 Je 2 Wirsingblätter auf einer Arbeitsfläche übereinanderlegen, die Masse auf die Wirsingblätter verteilen, die Blätter zusammenlegen, zu Röllchen formen.

4 Zwiebel abziehen, fein würfeln und mit Butter zugedeckt in einem Mikrowellengeschirr in die Mikrowelle stellen.

Mikrowelle Watt	**Heißluft** °C	**Grill** °C/Stufe	**Zeit** Min.
700–850	–	–	2–3

5 Die Wirsingröllchen zu den Zwiebelwürfeln geben. Saucenbinder mit Wasser verrühren, Crème fraîche und Kräuter der Provence unterheben und zu den Röllchen gießen. Zugedeckt weitergaren.

Mikrowelle Watt	**Heißluft** °C	**Grill** °C/Stufe	**Zeit** Min.
350–450	–	–	12–18

6 Die Wirsingröllchen auf einer vorgewärmten Platte anrichten, die Sauce nochmals mit den Gewürzen abschmecken, über die Wirsingröllchen geben und mit Petersilie bestreut servieren.

Beilage: *Salzkartoffeln oder Reis.*

Tipp: *Das Vorgaren (Blanchieren) der Wirsingblätter kann auch in der Mikrowelle erfolgen. Die Wirsingblätter dann mit 5–6 Esslöfffeln Salzwasser bei 700–850 Watt 3–5 Minuten garen.*

Zutaten

2 Portionen

6–8 große, blanchierte Wirsingblätter
250 g feines Kalbsbrät
2 EL Crème fraîche
1 TL geriebene Zitronenschale
1 EL mittelscharfer Senf
1 TL geriebener Meerrettich
Salz
frisch gemahlener Pfeffer
geriebene Muskatnuss
2 EL gehackte Petersilie
1 Zwiebel
1 EL Butter
2 ½ EL heller Saucenbinder
200 ml heißes Wasser
2 EL Crème fraîche
Kräuter der Provence
2 EL gehackte Petersilie

Zubereitungszeit:
35 Minuten

Garzeit:
14–21 Minuten

Pro Portion:
E: 29 g, F: 40 g, Kh: 18 g, kJ: 2443, kcal: 583

RAFFINIERT

Vitello tonnato

Zutaten

8–10 Portionen

800 g Kalbsbraten aus der Keule (vorzugsweise Hülfte)
2 EL Olivenöl
1 mittelgroße Zwiebel
1 Möhre
50 g Knollensellerie
1 Lorbeerblatt
1 Nelke
8 Pfefferkörner
2 Pimentkörner
1 abgezogene Knoblauchzehe
Salz
frisch gemahlener Pfeffer
100 ml Weißwein
200 ml Fleischbrühe

Für die Thunfischsauce:
155 g Thunfisch naturell (aus der Dose)
4 Sardellenfilets
2 Eier (Größe M)
125 ml (⅛ l) Olivenöl
50 ml Zitronensaft

Kapern und nach Belieben schwarze Oliven

Zubereitungszeit:
60 Minuten, ohne Abkühl- und Marinierzeit

Gesamtgarzeit:
28–34 Minuten

Pro Portion:
E: 29 g, F: 33 g, Kh: 3 g, kJ: 1904, kcal: 454

KLASSISCH

1 Kalbsbraten unter fließendem kalten Wasser abspülen und trockentupfen.

2 Das Fleisch in ein Mikrowellengeschirr legen, Olivenöl hinzufügen.

3 Gemüse putzen, in Würfel schneiden und zu dem Fleisch geben. Gewürze ebenfalls hinzufügen, Wein und Brühe angießen. Zugedeckt in die Mikrowelle stellen.

Mikrowelle Watt	**Heißluft** °C	**Grill** °C/Stufe	**Zeit** Min.
700–850	–	–	8–9

4 Das Fleisch wenden und weitergaren.

Mikrowelle Watt	**Heißluft** °C	**Grill** °C/Stufe	**Zeit** Min.
350–450	–	–	20–25

5 Das Fleisch zwischendurch noch einmal wenden, in der Flüssigkeit erkalten lassen und in sehr dünne Scheiben schneiden.

6 Den Kochsud durch ein Sieb abgießen, die Gewürze entfernen.

7 Für die Thunfischsauce das Gemüse aus dem Kochsud mit 100 ml des Kochsuds in einen Mixer geben, den Thunfisch abtropfen lasssen und mit den abgespülten Sardellenfilets hinzufügen und pürieren. Nach und nach Eier und Olivenöl hinzufügen. Zum Schluß den Zitronensaft hinzugeben und mit Salz und Pfeffer abschmecken.

8 Die Kalbfleischscheiben auf Tellern oder auf einer Platte dünn auslegen. Mit der Thunfischsauce servieren (die Sauce entweder als Spiegel auf die Platte oder den Teller gießen oder auf die Kalbfleischscheiben geben).

9 Das Vitello tonnato mit Kapern oder Oliven garnieren.

Beigabe: *Ciabatta oder Baguette.*

Gefüllte Schinkenröllchen

Zutaten

3 Portionen

9 Stangen gekochter grüner oder weißer Spargel
3 große Scheiben gekochter Schinken
3 Tomaten
200 g Butter- oder Bonbel-Käse

Zubereitungszeit:
25 Minuten

Garzeit:
7–10 Minuten
oder im Kombinationsgerät:
9–11 Minuten

Pro Portion:
E: 26 g, F: 21 g, Kh: 5 g,
kJ: 1384, kcal: 330

FÜR KINDER

1 Je 3 Stangen Spargel in je 1 Scheibe Schinken einrollen und die Schinken-Spargel-Rollen in ein gut gefettetes Mikrowellengeschirr legen.

2 Tomaten waschen, abtrocknen, halbieren, die Stengelansätze herausschneiden. Tomaten in Scheiben schneiden und sowohl um als auch auf die Röllchen legen.

3 Käse in Würfel schneiden, darübergeben und im offenen Mikrowellengeschirr in die Mikrowelle stellen.

Mikrowelle Watt	**Heißluft** °C	**Grill** °C/Stufe	**Zeit** Min.
700–850	–	–	7–10

oder im Kombinationsgerät auf den Rost auf die 2. Schiene von unten schieben.

Mikrowelle Watt	**Heißluft** °C	**Grill** °C/Stufe	**Zeit** Min.
350–450	–	200/3	9–11

4 Die Schinkenröllchen zugedeckt 3 Minuten außerhalb des Gerätes nachgaren lassen.

Beigabe: *Kartoffelbrei und Blattsalat oder Baguette.*

Tipp: *Die Zubereitung ist auch im Ein-Stufen-Gerät möglich, dann die Form auf den runden Rost stellen. Der Bräunungsprozess sollte zwischendurch beobachtet werden.*

Gemüse-Käse-Sauce

Zutaten

3 Portionen

1 Zwiebel
1 Knoblauchzehe
150 g TK-Blattspinat
2 EL Wasser
125 g Möhren
150 g Zucchini
125 g TK-Erbsen
125 ml (⅛ l) heiße Instant-Gemüsebrühe
Salz
frisch gemahlener Pfeffer
250 ml (¼ l) Schlagsahne
2 geh. TL Speisestärke
geriebene Muskatnuss
100 g geriebener Käse

Zubereitungszeit:
30 Minuten

Garzeit:
15–20 Minuten

Pro Portion:
E: 17 g, F: 37 g, Kh: 15 g, kJ: 2014, kcal: 482

FÜR KINDER

1 Zwiebel und Knoblauch abziehen, fein hacken und mit Spinat und Wasser in ein Mikrowellengeschirr geben und zugedeckt in die Mikrowelle stellen.

Mikrowelle Watt	**Heißluft** °C	**Grill** °C/Stufe	**Zeit** Min.
350–450	–	–	5–6

2 Möhren putzen, schälen, waschen und in sehr dünne Scheiben schneiden. Von den Zucchini die Enden abchneiden, Zucchini waschen und in Scheiben schneiden.

3 Den Spinat etwas zerpflücken. Möhren, Zucchini und Erbsen hinzufügen. Die Brühe über das Gemüse gießen, mit Salz und Pfeffer würzen und zugedeckt weitergaren.

Mikrowelle Watt	**Heißluft** °C	**Grill** °C/Stufe	**Zeit** Min.
700–850	–	–	5–7

4 Sahne mit Speisestärke verrühren, mit Salz, Pfeffer und Muskat würzen und den Käse unterrühren.

5 Die Käsesauce mit dem Gemüse verrühren und zugedeckt weitergaren.

Mikrowelle Watt	**Heißluft** °C	**Grill** °C/Stufe	**Zeit** Min.
700–850	–	–	5–7

6 Die Sauce zugedeckt außerhalb des Gerätes 3–5 Minuten nachgaren. Evtl. nochmals abschmecken.

Beigabe: *Gekochte Spaghetti oder Bandnudeln.*

Thunfischsauce

Zutaten

2–3 Portionen

1–2 Knoblauchzehen
1 Zwiebel
1 Möhre (etwa 80 g)
1 Stück Knollensellerie (etwa 80 g)
2 EL Olivenöl
etwa 155 g Thunfisch naturell (aus der Dose)
140 g Tomatenmark (aus der Dose)
250 ml (¼ l) Instant-Fleischbrühe
1 TL gehackte Kapern
1 TL zerdrückter, grüner Pfeffer
Salz
frisch gemahlener Pfeffer
gerebeltes Basilikum

Zubereitungszeit:
25 Minuten

Gesamtgarzeit:
9–13 Minuten

Pro Portion:
E: 13 g, F: 26 g, Kh: 10 g, kJ: 1446, kcal: 345

RAFFINIERT

1 Knoblauchzehen und Zwiebel abziehen, die Zwiebel würfeln, die Knoblauchzehen durch die Knoblauchpresse drücken.

2 Möhre und Knollensellerie schälen, waschen, in feine Streifen schneiden oder grob raspeln. Die vier Zutaten mit Olivenöl in eine Schüssel geben und zugedeckt in die Mikrowelle stellen.

Mikrowelle Watt	**Heißluft** °C	**Grill** °C/Stufe	**Zeit** Min.
700–850	–	–	5–7

3 Thunfisch abtropfen lassen, etwas zerpflücken, mit Tomatenmark, Fleischbrühe, Kapern und Pfeffer zu dem Gemüse geben, verrühren, mit Salz, Pfeffer und Basilikum würzen und zugedeckt weitergaren.

Mikrowelle Watt	**Heißluft** °C	**Grill** °C/Stufe	**Zeit** Min.
700–850	–	–	4–6

4 Die Sauce 2–3 Minuten zugedeckt außerhalb des Mikrowellengerätes nachgaren lassen, dann nochmals mit Salz, Pfeffer und Basilikum abschmecken.

Tipp: *Thunfischsauce zu Nudeln oder Reis reichen.*

Abwandlung: *Anstatt Möhre und Knollensellerie kann auch eine grüne Paprika (175 g), in feine Streifen geschnitten, verwendet werden.*

Tomaten-Zwiebel-Sauce

Zutaten

3 Portionen

4–5 Zwiebeln (etwa 250 g)
2 Knoblauchzehen
1 EL Olivenöl
1 Dose (400 g) Tomaten
1 Gemüsebrühwürfel (für 500 ml (½ l) Flüssigkeit)
4 EL Rotwein
1 ½ EL Tomatenmark
Salz, Pfeffer
Paprika edelsüß
etwa 4 EL Wasser
1 EL gehackte Majoranblättchen
1 EL Schnittlauchröllchen

Zubereitungszeit:
25 Minuten

Gesamtgarzeit:
9–13 Minuten

Pro Portion:
E: 2 g, F: 4 g, Kh: 9 g,
kJ: 419, kcal: 100

RAFFINIERT

1 Zwiebeln und Knoblauch abziehen, in Scheiben schneiden und in ein Mikrowellengeschirr geben. Öl hinzufügen und zugedeckt in die Mikrowelle stellen. Die Masse zwischendurch einmal umrühren.

Mikrowelle Watt	**Heißluft** °C	**Grill** °C/Stufe	**Zeit** Min.
700–850	–	–	4–6

2 Tomaten grob zerkleinern und zusammen mit den restlichen Zutaten (bis auf den Schnittlauch) hinzufügen und zugedeckt weitergaren.

Mikrowelle Watt	**Heißluft** °C	**Grill** °C/Stufe	**Zeit** Min.
350–450	–	–	5–7

3 Die Sauce aus der Mikrowelle nehmen, 3 Minuten zugedeckt nachgaren lassen. Mit Salz und Pfeffer abschmecken, mit Schnittlauch bestreut servieren.

Tipp: *Tomaten-Zwiebel-Sauce zu gedünstetem Fisch oder Nudeln reichen.*

Brombeer-Orangen-Sauce

Zutaten

4–6 Portionen

2 TL Speisestärke
125 ml (⅛ l) Orangensaft
½ Pck. geriebene Orangenschale
75 ml Portwein

1 Speisestärke mit Orangensaft in einem Mikrowellengefäss anrühren. Orangenschale, Portwein und Zucker hinzufügen, verrühren. Zugedeckt in die Mikrowelle stellen.

Mikrowelle Watt	**Heißluft** °C	**Grill** °C/Stufe	**Zeit** Min.
700–850	–	–	3–4

2 Die Sauce mit Ingwer, Piment, und Nelken abschmekken. Brombeeren hinzufügen, zugedeckt weitergaren.

3 Die Sauce vorsichtig umrühren, dann nochmals mit den Gewürzen und Zucker abschmecken und fertig garen.

Mikrowelle Watt	**Heißluft** °C	**Grill** °C/Stufe	**Zeit** Min.
350–450	–	–	5–6

Tipp: *Die Brombeer-Orangen-Sauce kalt zur Hasenterrine oder kaltem Wild- oder Rindfleisch reichen.*

2–3 TL Zucker
gemahlener Ingwer
gemahlenes Piment
gemahlene Nelken
250 g TK-Brombeeren

Zubereitungszeit:
15 Minuten

Garzeit:
8–10 Minuten

Pro Portion:
E: 1 g, F: 0 g, Kh: 15 g, kJ: 358, kcal: 86

GUT VORZUBEREITEN

Cumberlandsauce

1 Orange und Zitrone heiß waschen, trockentupfen und hauchdünn schälen. Die Schale in sehr feine Streifen schneiden. Von der Orangenschale 2 Esslöffel abmessen, von der Zitronenschale 1 Esslöffel.

2 Die Orangen- und Zitronenschale mit Schalottenwürfeln, Rotwein und Johannisbeergelee in ein Mikrowellengefäss geben und zugedeckt in die Mikrowelle stellen, zwischendurch umrühren.

Mikrowelle Watt	**Heißluft** °C	**Grill** °C/Stufe	**Zeit** Min.
700–850	–	–	3–5

3 Die Sauce mit Senf, Portwein und Orangensaft verrühren und mit Ingwer und Cayennepfeffer abschmecken und erkalten lassen.

Tipp: *Die Cumberlandsauce zu Terrinen, kaltem Wild, Geflügel oder Fondue reichen.*

Zutaten

4 Portionen

½–1 Orange (unbehandelt)
½–1 Zitrone (unbehandelt)
1 abgezogene, gewürfelte Schalotte
3 EL Rotwein
225–250 g rotes Johannisbeergelee
1–2 TL Senf
1 EL Portwein
1 EL Orangensaft
gemahlener Ingwer
Cayennepfeffer

Zubereitungszeit:
15 Minuten, ohne Abkühlzeit

Gesamtgarzeit:
3–5 Minuten

Pro Portion:
E: 1 g, F: 0 g, Kh: 41 g, kJ: 796, kcal: 190

KLASSISCH

Suppen, Eintöpfe & Aufläufe

Fenchel-Fisch-Suppe

Zutaten

2–3 Portionen

400 ml Fischfond und
100 ml Wasser oder 500 ml (½ l) Gemüsebrühe
1 Fenchelknolle (225 g)
1 Zwiebel
1 kleine Knoblauchzehe
1 kleine Stange Porree (Lauch, 175 g)
1 EL Olivenöl
200 g abgezogene Tomaten
250 g Lachs- oder Viktoriabarschfilet
4 EL gegarter Reis oder 30–40 g Bulgur
½ TL eingelegter, grüner Pfeffer
1 Lorbeerblatt
Salz
frisch gemahlener Pfeffer
Worcestersauce
3 EL Weißwein
1–2 EL gehackte Petersilie

Zubereitungszeit:
30 Minuten

Gesamtgarzeit:
12–15 Minuten

Pro Portion:
E: 22 g, F: 5 g, Kh: 13 g,
kJ: 1310, kcal: 313

FÜR GÄSTE

1 Fond und Wasser oder Brühe in ein Mikrowellengefäß geben.

2 Von der Fenchelknolle Wurzel- und Stielenden abschneiden, Fenchel waschen und in Streifen schneiden. Zwiebel und Knoblauch abziehen und fein hacken. Porree putzen, waschen und in Streifen schneiden.

3 Das Gemüse mit Öl in die Flüssigkeit geben und zugedeckt in die Mikrowelle stellen.

Mikrowelle Watt	**Heißluft** °C	**Grill** °C/Stufe	**Zeit** Min.
700–850	–	–	7–8

4 Tomaten halbieren, Stengelansätze herausschneiden, Tomaten achteln. Den Fisch unter fließendem kalten Wasser abspülen, trockentupfen und in mundgerechte Würfel schneiden.

5 Tomaten, Fisch, Reis oder Bulgur, grünen Pfeffer und Lorbeerblatt in die Suppe geben. Mit Salz, Pfeffer, Worcestersauce und Weißwein würzen und zugedeckt weitergaren.

Mikrowelle Watt	**Heißluft** °C	**Grill** °C/Stufe	**Zeit** Min.
350–450	–	–	5–7

6 Das Gefäß aus der Mikrowelle nehmen und die Suppe zugedeckt 5 Minuten nachgaren lassen.

7 Vor dem Servieren das Lorbeerblatt aus der Suppe nehmen, die Suppe nochmals abschmecken und mit Petersilie bestreut servieren.

Beigabe: *Baguette.*

Eierstich

(Foto)

Zutaten

4 Portionen

2 Eier, 125 ml (⅛ l) Milch
Salz, geriebene Muskatnuss

Zubereitungszeit:
12 Minuten

Garzeit:
8 Minuten

Pro Portion:
E: 5 g, F: 5 g, Kh: 2 g,
kJ: 314, kcal: 75

KLASSISCH

1 Eier mit Milch, Salz und Muskat verschlagen und in eine gefettete Glas- oder Porzellanschüssel geben. Die Schüssel zugedeckt in die Mikrowelle stellen.

Mikrowelle Watt	**Heißluft** °C	**Grill** °C/Stufe	**Zeit** Min.
350–450	–	–	etwa 8

2 Den Eierstich kurze Zeit bei Zimmertemperatur stehen lassen, dann aus der Schüssel stürzen und in Würfel schneiden.

Tipp: *1 Esslöffel feingehackte Kräuter, feingeriebenen Käse oder Tomatenmark mit den Eiern verschlagen. Bei der Hinzugabe von Tomatenmark sollten dann nur 100 ml Milch verwendet werden.*

Steinpilz-Bouillon mit Ei

Zutaten

3 Portionen

3 Beutel (à etwa 15 g)
getrocknete Steinpilze
200 ml Wasser
400 ml Rinderfond oder -brühe
Salz, Pfeffer
Pilz-Sojasauce (aus dem Asialaden)
3 Eigelb, Kerbelblättchen

Zubereitungszeit:
30 Minuten

Gesamtgarzeit:
6–10 Minuten

Pro Portion:
E: 8 g, F: 7 g, Kh: 5 g,
kJ: 512, kcal: 122

FÜR GÄSTE

1 Steinpilze mit Wasser in ein Mikrowellengeschirr geben und zugedeckt in die Mikrowelle stellen.

Mikrowelle Watt	**Heißluft** °C	**Grill** °C/Stufe	**Zeit** Min.
700–850	–	–	2–4

2 Die Pilze etwa 15 Minuten außerhalb des Mikrowellenherdes quellen lassen, in ein Sieb geben, abtropfen lassen und die Flüssigkeit dabei auffangen.

3 Rinderfond mit Wasser auf 500 ml (½ l) Flüssigkeit auffüllen, die Pilzbrühe hinzufügen, mit Salz, Pfeffer, Pilz-Sojasauce würzen und zugedeckt weitergaren.

Mikrowelle Watt	**Heißluft** °C	**Grill** °C/Stufe	**Zeit** Min.
700–850	–	–	4–6

4 Eigelb auf 3 vorgewärmte Suppentassen verteilen, die Bouillon darübergießen, mit Kerbelblättchen bestreut servieren.

Cremesuppe mit roten Linsen

Zutaten

3 Portionen

1 Zwiebel
1 Stange Staudensellerie
1 Möhre (80 g)
1 kleine, rote Paprikaschote (80 g)
100 g Schinkenspeck
2 EL Speiseöl
Salz
frisch gemahlener, weißer Pfeffer
500 ml (½ l) heiße Fleischbrühe
125 g rote Linsen
1 EL Tomatenmark
125 ml (⅛ l) Rotwein
100 g Crème double
2 EL Sauerkirschkonfitüre

Zubereitungszeit:
40 Minuten

Gesamtgarzeit:
17–24 Minuten

Pro Portion:
E: 14 g, F: 51 g, Kh: 23 g, kJ: 2741, kcal: 656

RAFFINIERT

1 Zwiebel abziehen und würfeln. Staudensellerie putzen, waschen und in Scheiben schneiden. Möhre putzen und waschen. Paprika halbieren, entstielen, entkernen, die weißen Scheidewände entfernen und Schote waschen.

2 Möhre und Paprikaschote in Würfel schneiden. Schinkenspeck in Würfel schneiden. Die 5 Zutaten mit Speiseöl in ein Mikrowellengeschirr geben und zugedeckt in die Mikrowelle stellen.

Mikrowelle Watt	**Heißluft** °C	**Grill** °C/Stufe	**Zeit** Min.
700–850	–	–	4–6

3 Gemüse mit Salz und Pfeffer würzen, Fleischbrühe, Linsen, Tomatenmark und Rotwein hinzufügen, gut verrühren und die Suppe zugedeckt garen.

Mikrowelle Watt	**Heißluft** °C	**Grill** °C/Stufe	**Zeit** Min.
700–850	–	–	4–6

4 Die Suppe zwei- bis dreimal umrühren und zugedeckt weitergaren.

Mikrowelle Watt	**Heißluft** °C	**Grill** °C/Stufe	**Zeit** Min.
350–450	–	–	9–12

5 Die Suppe zugedeckt 3 Minuten außerhalb des Mikrowellengerätes nachgaren lassen, dann grob pürieren, nochmals mit den Gewürzen abschmecken und auf Suppenteller oder -tassen verteilen.

6 Crème double mit Sauerkirschkonfitüre verrühren und zu der Cremesuppe reichen.

Beigabe: *Warmes Fladenbrot.*

Amerikanische Maiscremesuppe

1 Schalotten abziehen und fein würfeln. Paprika entstielen, entkernen, die weißen Scheidewände entfernen, Schote waschen und in Würfel schneiden.

2 Das Gemüse mit Speisestärke, Fond und Sahne in ein großes Mikorwellengeschirr geben (durch die Sahne kann die Suppe leicht überkochen!), gut verrühren und zugedeckt in die Mikrowelle stellen.

Mikrowelle Watt	**Heißluft** °C	**Grill** °C/Stufe	**Zeit** Min.
700–850	–	–	5–7

3 Zwischendurch mit einem Schneebesen umrühren und weitergaren.

Mikrowelle Watt	**Heißluft** °C	**Grill** °C/Stufe	**Zeit** Min.
350–450	–	–	2–3

4 Die Suppe mit Salz, Pfeffer und Cayennepfeffer abschmecken. Nach Belieben Crème double unterrühren, dann 3 Minuten zugedeckt zum Nachgaren außerhalb des Gerätes stehen lassen.

Tipp: *Wer nicht auch Fleisch verzichten möchte, kann nach dem Umrühren (siehe Punkt 3) 75 g in Würfel geschnittenen, gekochten Schinken hinzufügen. Die Garzeit verlängert sich dann um 1–2 Minuten.*

Zutaten

2–3 Portionen

2 Schalotten (50 g)
½ rote Paprikaschote (75 g)
285 g Gemüsemais (aus der Dose)
1 EL Speisestärke
250 ml (¼ l) Gemüsefond oder -brühe
250 ml (¼ l) Schlagsahne
Salz
frisch gemahlener Pfeffer
Cayennepfeffer
1 EL Crème double (nach Belieben)

Zubereitungszeit:
20 Minuten

Garzeit:
7–10 Minuten

Pro Portion:
E: 6 g, F: 30 g, Kh: 24 g, kJ: 1672, kcal: 400

PREISWERT – VEGETARISCH

Krabbensuppe

Zutaten

3 Portionen

2 Schalotten
50 g Knollensellerie
1 Möhre (100 g)
½ gelbe Paprikaschote (80 g)
10 g Butter
400 ml Fischfond
200 ml Wasser
125–150 g Krabben ohne Schale (Nordsee-Krabben)
50 g Hummersuppenpaste
Salz
bunter, grober Pfeffer
Zitronensaft
einige Dillzweige, gezupft

Zubereitungszeit:
30 Minuten

Gesamtgarzeit:
16–17 Minuten

Pro Portion:
E: 17 g, F: 6 g, Kh: 8 g, kJ: 706, kcal: 168

FÜR GÄSTE

1 Schalotten abziehen und in Würfel schneiden. Sellerie, Möhre und Paprika putzen, waschen und würfeln.

2 Gemüsewürfel mit Butter, Fischfond und Wasser in ein Mikrowellengeschirr geben und zugedeckt in die Mikrowelle stellen.

Mikrowelle Watt	**Heißluft** °C	**Grill** °C/Stufe	**Zeit** Min.
700–850	–	–	8–9

3 Die Suppe einmal umrühren und weitergaren.

Mikrowelle Watt	**Heißluft** °C	**Grill** °C/Stufe	**Zeit** Min.
350–450	–	–	etwa 5

4 Krabben und Hummersuppenpaste in die Suppe geben und weitergaren, zwischendurch mit einem Schneebesen umrühren.

Mikrowelle Watt	**Heißluft** °C	**Grill** °C/Stufe	**Zeit** Min.
700–850	–	–	etwa 3

5 Die Krabbensuppe mit Salz, Pfeffer und Zitronensaft abschmecken. Die Suppe 3 Minuten zugedeckt außerhalb des Mikrowellengerätes nachgaren lassen und mit Dillzweigen garniert servieren.

Tipp: *Nach Belieben kann der Knollensellerie durch die gleiche Menge Staudensellerie ersetzt werden.*

Griechische Zitronensuppe
(Foto)

Zutaten

2 Portionen

375 ml (3/8 l) Hühnerbrühe
2 geh. EL gekochter Reis
2 Eier, Saft von 1/2 Zitrone
Salz, Pfeffer

Zubereitungszeit:
10 Minuten

Gesamtgarzeit:
etwa 7 Minuten

Pro Portion:
E: 11 g, F: 8 g, Kh: 19 g,
kJ: 854, kcal: 203

RAFFINIERT – SCHNELL

1 Brühe und Reis in ein Mikrowellengeschirr geben und zugedeckt in die Mikrowelle stellen.

Mikrowelle Watt	**Heißluft** °C	**Grill** °C/Stufe	**Zeit** Min.
700–850	–	–	etwa 7

2 Eier in einer Schüssel mit einem Schneebesen kräftig verschlagen, langsam den Zitronensaft hinzugeben.

3 Nach und nach 1 Kelle heiße Brühe unterrühren, die nunmehr leicht erwärmte Eiermasse unter ständigem Rühren in die heiße Suppe geben, abschmecken und servieren.

Tipp: *1 Glas (340 ml) Hühnerbrühe mit Einlage verwenden: Die Flüssigkeit auf 375 ml (3/8 l) ergänzen. Das Fleisch würfeln und etwa 2 Minuten bei 700 Watt erhitzen und in die fertige Suppe geben.*

Glasnudelsuppe mit Sojasprossen

Zutaten

2–3 Portionen

40 g Glasnudeln
1 Stange Porree (etwa 175 g)
100 g Sojasprossen
1 EL Butter
500 ml (1/2 l) Gemüsebrühe
Pfeffer, 2 EL Sojasauce
1–2 EL Zitronensaft
1 Prise Zucker, Cayennepfeffer
1 EL feingeschnittene Zitronenmelisse

Zubereitungszeit:
25 Minuten

Gesamtgarzeit:
10–11 Minuten

Pro Portion:
E: 5 g, F: 5 g, Kh: 6 g,
kJ: 586, kcal: 140

1 Glasnudeln mit kochendem Wasser überbrühen, 10 Minuten quellen lassen, dann auf einem Sieb abtropfen lassen und mit der Küchenschere zerschneiden.

2 Porree putzen, waschen, in feine Ringe schneiden und in ein Mikrowellengeschirr geben.

3 Sprossen verlesen, abspülen, mit Butter, Brühe und Pfeffer zu dem Porree geben und zugedeckt garen.

Mikrowelle Watt	**Heißluft** °C	**Grill** °C/Stufe	**Zeit** Min.
700–850	–	–	8–9

4 Glasnudeln, Sojasauce, Zitronensaft, Zucker und Cayennepfeffer hinzufügen und zugedeckt weitergaren.

Mikrowelle Watt	**Heißluft** °C	**Grill** °C/Stufe	**Zeit** Min.
700–850	–	–	etwa 2

5 Die Suppe außerhalb des Gerätes zugedeckt 3 Minuten nachgaren, mit Zitronenmelisse bestreut servieren.

Paprika-Sahne-Suppe

Zutaten

2 Portionen

250 g rote und gelbe Paprikaschoten (1–2 Stück)
100 g Zwiebeln
100 g Sauerkraut
1 EL Speiseöl
500 ml (½ l) Gemüsebrühe
1 Lorbeerblatt
100 g mehligkochende Kartoffeln
100 ml Schlagsahne
Salz
frisch gemahlener Pfeffer
Paprikapulver edelsüß
1 Prise Zucker
1–2 EL Weißwein

Zubereitungszeit:
30 Minuten

Gesamtgarzeit:
14–17 Minuten

Pro Portion:
E: 5 g, F: 24 g, Kh: 18 g,
kJ: 1372, kcal: 327

PREISWERT

1 Paprika halbieren, entstielen, die weißen Scheidewände entfernen, die Schoten waschen und in Streifen schneiden.

2 Zwiebeln abziehen und fein würfeln. Sauerkraut locker zupfen und fein schneiden. Das Gemüse in ein Mikrowellengeschirr geben und Öl hinzufügen.

3 Gemüsebrühe mit Lorbeerblatt über das Gemüse gießen und zugedeckt in die Mikrowelle stellen.

Mikrowelle Watt	Heißluft °C	Grill °C/Stufe	Zeit Min.
700–850	–	–	7–8

4 Kartoffeln schälen, waschen, reiben und mit Sahne, Salz, Pfeffer, Paprika, Zucker und Weißwein hinzufügen und zugedeckt weitergaren.

Mikrowelle Watt	Heißluft °C	Grill °C/Stufe	Zeit Min.
350–450	–	–	7–9

5 Die Suppe zugedeckt 3 Minuten außerhalb des Gerätes nachgaren lassen, dann evtl. nochmals abschmecken.

Beigabe: *Körnerbrötchen.*

Tipp: *Für eine gehaltvollere Variante kann ein Rauchendchen, in Scheiben geschnitten, bei Punkt 4 hinzugefügt werden. Die Garzeit erhöht sich dann um 1–2 Minuten.*

Ungarischer Graupeneintopf

Zutaten

2 Portionen

1 kleine, grüne Paprikaschote (etwa 100 g)
1 kleine, rote Paprikaschote (etwa 100 g)
1 mittelgroße Zwiebel
1 Knoblauchzehe
3 EL Graupen
1 EL Butter
125 ml (⅛ l) heiße Fleischbrühe
1 EL Tomatenmark
1 Zucchini (etwa 250 g)
2 Paar Debrecziner (Knoblauchwürstchen)
250 ml (¼ l) heiße Fleischbrühe
Salz
frisch gemahlener Pfeffer
Paprikapulver
Currypulver
Cayennepfeffer
1 Prise Zucker
2 EL Crème fraîche

Zubereitungszeit:
40 Minuten

Gesamtgarzeit:
19–24 Minuten

Pro Portion:
E: 57 g, F: 42 g, Kh: 24 g,
kJ: 3131, kcal: 749

GUT VORZUBEREITEN

1 Paprika halbieren, entstielen, die weißen Scheidewände entfernen, die Schoten waschen und in Würfel schneiden.

2 Zwiebel und Knoblauch abziehen, fein würfeln, mit dem Gemüse, Graupen, Butter und heißer Fleischbrühe in ein Mikrowellengeschirr geben und zugedeckt in die Mikrowelle stellen.

Mikrowelle Watt	**Heißluft** °C	**Grill** °C/Stufe	**Zeit** Min.
700–850	–	–	7–9

3 Tomatenmark unterrühren. Zucchini waschen, halbieren, in Stücke schneiden und in den Eintopf geben.

4 Debrecziner in Scheiben schneiden und unterrühren. Die heiße Fleischbrühe hinzugießen, mit Salz, Pfeffer, Paprika, Curry, Cayennepfeffer und Zucker würzen und zugedeckt weitergaren.

Mikrowelle Watt	**Heißluft** °C	**Grill** °C/Stufe	**Zeit** Min.
700–850	–	–	12–15

5 Den Graupeneintopf zugedeckt 5 Minuten außerhalb des Gerätes nachgaren lassen, dann nochmals mit den Gewürzen abschmecken und auf jede Portion 1 Esslöffel Crème fraîche geben.

Beigabe: *Kräftiges Bauernbrot oder Körnerbrötchen.*

Tipp: *Die Debrecziner (Knoblauchwürstchen) können auch durch 300 g Cabanossi ersetzt werden.*

Cassoulet

– Entenkeulen mit weißen Bohnen –

1 Entenkeulen unter fließendem kalten Wasser abspülen, trockentupfen, mit Salz, Pfeffer, Salbeiblättern, Rosmarinnadeln und Thymianzweigen würzen, in ein Mikrowellengeschirr geben und zugedeckt in die Mikrowelle stellen.

Mikrowelle Watt	**Heißluft** °C	**Grill** °C/Stufe	**Zeit** Min.
700–850	–	–	etwa 5

2 Zwiebel und Knoblauchzehe abziehen und fein würfeln. Porree putzen, waschen und in Scheiben schneiden. Die 3 Zutaten zu den Entenkeulen geben, Wasser und Salz hinzufügen und zugedeckt weitergaren.

Mikrowelle Watt	**Heißluft** °C	**Grill** °C/Stufe	**Zeit** Min.
350–450	–	–	13–14

3 Paprika und Bohnen mit der Flüssigkeit zu dem Fleisch geben und zugedeckt weitergaren.

Mikrowelle Watt	**Heißluft** °C	**Grill** °C/Stufe	**Zeit** Min.
350–450	–	–	7–8

4 Das Cassoulet zugedeckt 5 Minuten außerhalb des Mikrowellengerätes nachgaren lassen, evtl. nochmals mit Salz und Pfeffer abschmecken.

Beilage: *Kartoffelklöße, Salzkartoffeln oder Bauernbrot.*

Tipp: *Die frischen Kräuter können durch jeweils ½–1 Teelöffel getrocknete Kräuter ersetzt werden.*

Zutaten

2 Portionen

2 Entenkeulen (etwa 650 g)
Salz
frisch gemahlener Pfeffer
4–5 Salbeiblätter
Rosmarinnadeln von 1 Zweig
Blättchen von 3–4 Thymianzweigen
1 Zwiebel
1 Knoblauchzehe
1 Stange Porree (Lauch, 250 g)
100 ml Wasser
1 TL Paprika edelsüß
240 g weiße Bohnen (aus der Dose)

Zubereitungszeit:
40 Minuten

Gesamtgarzeit:
25–28 Minuten

Pro Portion:
E: 78 g, F: 58 g, Kh: 41 g, kJ: 4501, kcal: 1075

FÜR GÄSTE

Feuriger Rosenkohltopf

Zutaten

2–3 Portionen

250 g junger Rosenkohl
1 mittelgroße Zwiebel
1 EL Butter
1 kleine Peperoni
1 rote Paprikaschote (etwa 200 g)
150 ml heißer Tomatensaft
250 g Paprikakochwurst
150 ml heiße Fleischbrühe
gerebelter Majoran
Salz
frisch gemahlener Pfeffer
Cayennepfeffer
1 Prise Zucker
75 g saure Sahne

Zubereitungszeit:
40 Minuten

Gesamtgarzeit:
17–20 Minuten

Pro Portion:
E: 19 g, F: 28 g, Kh: 9 g,
kJ: 1630, kcal: 390

PREISWERT

1 Vom Rosenkohl die fleckigen äußeren Blättchen entfernen, etwas vom Strunk abschneiden. Röschen am Strunk kreuzförmig einschneiden, waschen, gut abtropfen lassen und in ein Mikrowellengeschirr geben.

2 Zwiebel abziehen, fein würfeln und mit Butter zum Rosenkohl geben. Peperoni halbieren, entkernen, waschen und würfeln. Paprika halbieren, entstielen, entkernen, die weißen Scheidewände entfernen, waschen und würfeln.

3 Peperoni- und Paprikawürfel zum Gemüse geben, Tomatensaft hinzugießen und zugedeckt in die Mikrowelle stellen.

Mikrowelle Watt	**Heißluft** °C	**Grill** °C/Stufe	**Zeit** Min.
700–850	–	–	8–9

4 Paprikakochwurst in Würfel oder Scheiben schneiden und mit Fleischbrühe zum Gemüse geben. Rosenkohltopf mit Majoran, Salz, Pfeffer, Cayennepfeffer und Zucker würzen und zugedeckt weitergaren.

Mikrowelle Watt	**Heißluft** °C	**Grill** °C/Stufe	**Zeit** Min.
350–450	–	–	9–11

5 Den Rosenkohltopf 3 Minuten zugedeckt außerhalb der Mikrowelle nachgaren lassen, dann nochmals mit den Gewürzen abschmecken, Sahne unterrühren.

Beigabe: *Salzkartoffeln oder Bauernbrot.*

Italienische Kichererbsensuppe

Zutaten

2 Portionen

1 Zwiebel
1 Knoblauchzehe
2 enthäutete Tomaten (175 g)
75 g Staudensellerie
200 ml Gemüsebrühe
1 EL Olivenöl
1 kleine Dose (Abtropfgewicht 240 g) Kichererbsen
gerebelter Majoran
Salz
frisch gemahlener Pfeffer
2 EL geriebener Parmesan

Zubereitungszeit:
25 Minuten

Gesamtgarzeit:
10–13 Minuten

Pro Portion:
E: 15 g, F: 14 g, Kh: 25 g, kJ: 1261, kcal: 301

VEGETARISCH

1 Zwiebel und Knoblauch abziehen und fein würfeln. Tomaten halbieren, Stengelansätze herausschneiden und die Tomaten ebenfalls würfeln. Staudensellerie putzen, waschen und in Scheiben schneiden.

2 Das Gemüse mit Gemüsebrühe und Öl in ein Mikrowellengeschirr geben und in die Mikrowelle stellen.

Mikrowelle Watt	**Heißluft** °C	**Grill** °C/Stufe	**Zeit** Min.
700–850	–	–	6–8

3 Das Gemüse in einem hohen Gefäß pürieren und in das Mikrowellengeschirr zurückgießen.

4 Kichererbsen mit der Flüssigkeit dazugeben, mit Majoran, Salz und Pfeffer würzen und weitergaren.

Mikrowelle Watt	**Heißluft** °C	**Grill** °C/Stufe	**Zeit** Min.
700–850	–	–	4–5

5 Die Suppe 3 Minuten zugedeckt außerhalb des Mikrowellengerätes nachgaren und dann mit Parmesan bestreut servieren.

Tipp: *Nach Belieben geröstete Brotwürfel dazu reichen.*

Neapolitanischer Makkaroniauflauf

Zutaten

2 Portionen

200 g Gehacktes (halb Rind-, halb Schweinefleisch)
1 Knoblauchzehe
1 EL Tomatenmark
50 ml Rotwein
gehackter Oregano
gehacktes Basilikum
Salz
frisch gemahlener Pfeffer
Paprikapulver
1 kleine Dose geschälte Tomaten (etwa 425 g Einwaage)
etwas Butter
300 g bissfest gekochte Makkaroni (125 g Rohgewicht)
65 g Mozzarella
2 EL gehacktes Basilikum

Zubereitungszeit:
35 Minuten

Gesamtgarzeit:
15–17 Minuten

Pro Portion:
E: 46 g, F: 39 g, Kh: 107 g, kJ: 4344, kcal: 1036

FÜR KINDER

1 Gehacktes in ein Mikrowellengeschirr geben, Knoblauch abziehen, fein hacken, zum Fleisch geben, im offenen Geschirr garen.

Mikrowelle Watt	Heißluft °C	Grill °C/Stufe	Zeit Min.
700–850	–	–	6–7

2 Das Gehackte mit der Gabel zerdrücken. Tomatenmark unterrühren, Rotwein hinzugießen und mit Oregano, Basilikum, Salz, Pfeffer und Paprika würzen.

3 Tomaten mit der Flüssigkeit unterrühren, dabei die Tomaten etwas zerdrücken. Das Fleisch mit den Zutaten zugedeckt weitergaren.

Mikrowelle Watt	Heißluft °C	Grill °C/Stufe	Zeit Min.
700–850	–	–	4–5

4 Eine Auflaufform mit Butter ausfetten, die gekochten Makkaroni hineingeben und die Nudeln mit der Hackfleischsauce übergießen.

5 Mozzarella in Scheiben schneiden, auf die Nudeln geben und den Auflauf zugedeckt fertig garen.

Mikrowelle Watt	Heißluft °C	Grill °C/Stufe	Zeit Min.
700–850	–	–	etwa 5

6 Den Auflauf außerhalb des Gerätes 5 Minuten nachgaren, dann mit Basilikum bestreut servieren.

Tipp: *Dazu passt ein gemischter Blattsalat sehr gut.*

1996er
ROTWEIN
- TROCKEN -

Lasagne

Zutaten

2 Portionen

200 g blanchierte Wirsingblätter
1 große Möhre (150 g)
2 TL Butter
Salz
frisch gemahlener Pfeffer
geriebene Muskatnuss
1 Zwiebel
100 g Staudensellerie
50 g gekochter, gewürfelter Schinken
2 EL Crème fraîche oder
4 EL Schlagsahne
4 EL geriebener Parmesan
1 kleine Dose (etwa 425 g) geschälte Tomaten
1–2 abgezogene, zerdrückte Knoblauchzehen
1 TL gerebelter Thymian
1 Prise Zucker
1 TL Olivenöl
6 vorgekochte Lasagneblätter

Zubereitungszeit:
50 Minuten

Gesamtgarzeit:
Mikrowelle solo 26–31 Minuten, im Kombinationsgerät 27–32 Minuten.

Pro Portion:
E: 26 g, F: 29 g, Kh: 50 g, kJ: 2464, kcal: 588

KLASSISCH

1 Von den Wirsingblättern die Blattrippen herausschneiden und die Wirsingblätter in Streifen schneiden.

2 Zwiebel abziehen und fein hacken. Möhre putzen, schälen, waschen und klein würfeln. Zusammen mit Butter und Wirsing in ein Mikrowellengeschirr geben, mit Salz, Pfeffer und Muskat würzen. Zugedeckt garen.

Mikrowelle Watt	Heißluft °C	Grill °C/Stufe	Zeit Min.
700–850	–	–	etwa 5

3 Sellerie putzen, harte Außenfäden abziehen, Stangen waschen und in dünne Scheiben schneiden.

4 Alle vorbereiteten Zutaten und den Schinken vermischen, Crème fraîche oder Sahne und die Hälfte des Käses unterrühren. Mit Salz und Pfeffer abschmecken.

5 Tomaten und Saft in eine Schüssel zerdrücken. Mit Knoblauch, Thymian, Salz, Pfeffer und Zucker würzen.

6 Eine Auflaufform mit Öl einpinseln. 2 Lasagneblätter in die Form legen. Darauf die Hälfte der Gemüsemischung verteilen. Wieder 2 Lasagneplatten und das restliche Gemüse darübergeben. Mit den übrigen Lasagneblättern zudecken.

7 Die Tomatensauce darübergießen, mit dem restlichen Käse bestreuen. Zugedeckt garen.

Mikrowelle Watt	Heißluft °C	Grill °C/Stufe	Zeit Min.
700–850	–	–	9–11

8 Die Lasagne offen mit oder ohne zugeschalteten Grill weitergaren.

Mikrowelle Watt	Heißluft °C	Grill °C/Stufe	Zeit Min.
350–450	–	+	6–8

9 Die Lasagne 3 Minuten außerhalb der Mikrowelle zugedeckt nachgaren lassen.

Gemüse-Hirse-Auflauf

Zutaten

2 Portionen

100 g Hirse
1 Gemüsezwiebel (200 g)
375 ml (3/8 l) warme Gemüsebrühe
Salz
frisch gemahlener Pfeffer
1 TL Butter
½ kleine Aubergine (150 g)
1 kleine Zucchini (150 g)
2 enthäutete Tomaten (175 g)
1 Knoblauchzehe
je 1 kleiner Zweig Thymian, Rosmarin und Salbei
1 rote, gewürfelte Paprikaschote (150 g)
2 EL Olivenöl
1–2 EL Weißwein oder Gemüsebrühe

Zubereitungszeit:
45 Minuten

Gesamtgarzeit:
22–25 Minuten

Pro Portion:
E: 8 g, F: 18 g, Kh: 47 g, kJ: 1696, kcal: 405

VEGETARISCH

1 Hirse kalt abspülen, dann abtropfen lassen. Zwiebel abziehen, die Hälfte fein hacken, mit der Hirse und der Brühe in ein Mikrowellengeschirr geben und zugedeckt in die Mikrowelle stellen, zwischendurch einmal gründlich umrühren.

Mikrowelle Watt	**Heißluft** °C	**Grill** °C/Stufe	**Zeit** Min.
700–850	–	–	5–6

Dann zugedeckt weitergaren.

Mikrowelle Watt	**Heißluft** °C	**Grill** °C/Stufe	**Zeit** Min.
350–450	–	–	6–7

2 Butter hinzufügen, mit Salz und Pfeffer abschmecken und beiseite stellen.

3 Von der Aubergine und Zucchini den Stengelansatz herausschneiden und das Gemüse waschen. Aubergine in Würfel, Zucchini in Scheiben schneiden. Die restliche Zwiebel in Scheiben schneiden.

4 Tomaten vierteln und Stengelansätze herausschneiden. Knoblauch abziehen und hacken. Kräuter abspülen, trockentupfen und die Blätter oder Nadeln von den Stengeln zupfen.

5 Alle Gemüsezutaten mit Öl, Kräutern und Wein oder Brühe zu dem Gemüse in ein Mikrowellengeschirr geben und zugedeckt garen, zwischendurch einmal umrühren.

Mikrowelle Watt	**Heißluft** °C	**Grill** °C/Stufe	**Zeit** Min.
700–850	–	–	7– 8

6 Gemüse und Hirse abwechselnd in eine Auflaufform schichten, mit Gemüse abschließen und zugedeckt weitergaren.

Mikrowelle Watt	**Heißluft** °C	**Grill** °C/Stufe	**Zeit** Min.
700–850	–	–	4–5

7 Den Auflauf etwa 5 Minuten außerhalb des Gerätes nachgaren lassen.

Tomaten-Porree-Auflauf

Zutaten

4 Portionen

250 g festkochende Kartoffeln
125 ml (⅛ l) Salzwasser
3 Stangen Porree (Lauch, 750 g)
2–3 EL Wasser
375 g Tomaten
200 g enthäutete Fleischwurst
125 ml (⅛ l) Milch
30 g Butter
frisch gemahlener Pfeffer
1 Prise geriebene Muskatnuss
200 g geriebener, deutscher Gouda
3–4 EL glatte Petersilie
1 Ei

Zubereitungszeit:
55 Minuten

Gesamtgarzeit:
27–34 Minuten

Pro Portion:
E: 27 g, F: 37 g, Kh: 19 g,
kJ: 2266, kcal: 541

PREISWERT

1 Kartoffeln schälen, waschen, würfeln, mit Salzwasser in ein Mikrowellengeschirr geben und zugedeckt in die Mikrowelle stellen.

Mikrowelle Watt	**Heißluft** °C	**Grill** °C/Stufe	**Zeit** Min.
700–850	–	–	3–4

Dann weitergaren.

Mikrowelle Watt	**Heißluft** °C	**Grill** °C/Stufe	**Zeit** Min.
350–450	–	–	7–9

2 Porree putzen, waschen, in 1 cm dicke Ringe schneiden und in ein Mikrowellengeschirr geben, mit Salz und Pfeffer würzen, Wasser hinzufügen und zugedeckt in die Mikrowelle stellen. Zwischendurch einmal umrühren.

Mikrowelle Watt	**Heißluft** °C	**Grill** °C/Stufe	**Zeit** Min.
350–450	–	–	7–8

3 Tomaten waschen, halbieren, die Stengelansätze herausschneiden, Tomaten in Scheiben schneiden. Die Fleischwurst in Scheiben schneiden.

4 Die Kartoffeln mit Milch, Butter und Kartoffelkochwasser pürieren, mit Pfeffer und Muskat abschmecken.

5 Zwei Drittel des Käses unter die Kartoffelmasse rühren. Petersilie mit dem Ei in die Kartoffelmasse rühren.

6 Den Porree in eine leicht gefettete Auflaufform geben. Tomaten und Fleischwurst dachziegelartig darauf schichten. Die Kartoffel-Käse-Sauce darübergießen und die Form offen in die Mikrowelle stellen.

Mikrowelle Watt	**Heißluft** °C	**Grill** °C/Stufe	**Zeit** Min.
500–600	–	+	10–13

7 Den Auflauf zugedeckt 3 Minuten außerhalb des Gerätes zum Nachgaren stehen lassen.

Schweinefilet in Pfifferling-Rahmsauce

Zutaten

4 Portionen

2–4 Schweinefilets (600–700 g)
Salz
frisch gemahlener Pfeffer
gerebelter Majoran
10–12 Scheiben durchwachsener Speck

Für die Pfifferling-Rahmsauce:
100 g Pfifferlinge
1 Becher (150 g) Crème fraîche
1 TL Butter
1 TL Weizenmehl
Pilz-Sojasauce (aus dem Asialaden)

Zubereitungszeit:
30 Minuten

Gesamtgarzeit:
15–17 Minuten

Pro Portion:
E: 79 g, F: 64 g, Kh: 5 g, kJ: 3891, kcal: 928

FÜR GÄSTE

1 Von den Filets Haut und Fettreste entfernen, die Filets kalt abspülen, trockentupfen. Die Filets mit Salz, Pfeffer und Majoran bestreuen und mit Speck umwickeln. In eine Auflaufform legen und zugedeckt in die Mikrowelle stellen.

Mikrowelle Watt	Heißluft °C	Grill °C/Stufe	Zeit Min.
700–850	–	–	10–12

Oder offen im Kombinationsgerät garen.

Mikrowelle Watt	Heißluft °C	Grill °C/Stufe	Zeit Min.
500–600	–	200/3	10–12

2 Nach der Hälfte der Garzeit das Fleisch wenden, in Alufolie verpackt 5–10 Minuten bei Zimmertemperatur ruhen lassen.

3 Für die Sauce Pfifferlinge putzen, Pilze halbieren oder vierteln, in den Bratensatz geben und zugedeckt garen.

Mikrowelle Watt	Heißluft °C	Grill °C/Stufe	Zeit Min.
700–850	–	–	4–6

4 Nach der Hälfte der Garzeit Crème fraîche unterrühren. Butter mit Mehl mit einer Gabel verkneten, zu den Crème-fraîche-Pfifferlingen geben, mit Pilz-Sojasauce würzen und zugedeckt weitergaren, zwischendurch einmal umrühren.

5 Die Sauce abschmecken. Das Fleisch in Scheiben schneiden, auf einer vorgewärmten Platte anrichten und die Sauce dazu reichen.

Schweinebraten mit Senfkruste

Zutaten

4–6 Personen

1 kg Schweineschinken-braten
Salz
frisch gemahlener Pfeffer
2 Knoblauchzehen
1 EL Dijon-Senf
1 EL Senfkörner
1 EL Kräuter der Provence
2 EL Speiseöl
250 g kleine Zwiebeln
500 ml (½ l) Fleischbrühe
1 Lorbeerblatt
3 Pimentkörner
½ TL schwarze Pfefferkörner
etwas Saucenbinder

Zubereitungszeit:
60–65 Minuten

Gesamtgarzeit:
44–49 Minuten

Pro Portion:
E: 42 g, F: 35 g, Kh: 5 g,
kJ: 2248, kcal: 537

FÜR GÄSTE – GUT VORZUBEREITEN

1 Schweinefleisch unter fließendem kalten Wasser abspülen, trockentupfen und auf der Oberseite im Abstand von 3 cm etwa 1 ½ cm tief einschneiden, auf der Unterseite mit Salz und Pfeffer würzen.

2 Knoblauchzehen abziehen, fein hacken und mit Senf, Senfkörnern, Kräutern der Provence und Öl verrühren. Die Masse auf den Braten und in die Einschnitte streichen.

3 Das Fleisch in eine Mikrowellenform legen. Zwiebeln abziehen, in Spalten schneiden und um das Fleisch legen. Die Hälfte der Brühe hinzugießen und die Form offen in die Mikrowelle stellen. Das Fleisch zwischendurch begießen und die verdampfte Flüssigkeit ersetzen.

Mikrowelle Watt	Heißluft °C	Grill °C/Stufe	Zeit Min.
350–450	230	–	42–47

4 Das Fleisch aus der Form nehmen, in Alufolie wickeln und 5 Minuten ruhen lassen, damit sich der Bratensaft setzen kann.

5 Die Gewürze aus der Zwiebelsauce nehmen, nach Belieben etwas Saucenbinder in die Sauce rühren und zugedeckt in die Mikrowelle stellen.

Mikrowelle Watt	Heißluft °C	Grill °C/Stufe	Zeit Min.
700–850	–	–	2

6 Die Sauce mit Salz und Pfeffer abschmecken. Den Braten in Scheiben schneiden, mit einem Teil der Zwiebeln anrichten, die restliche Sauce dazu reichen.

Tipps: *Es schmeckt ebenfalls sehr gut einen Teil der Fleischbrühe durch Weißwein zu ersetzen. Am einfachsten lässt sich der Garungsgrad des Fleisches mit einem Fleischthermometer prüfen.*

Rotweinbraten

1 Rindfleisch unter fließendem kalten Wasser abspülen, trockentupfen, mit Salz, Pfeffer und Paprikapulver oder Thymian oder Rosmarinnadeln bestreuen, mit Speck umwickeln.

2 Den Braten in ein mikrowellengeeignetes Bratgeschirr geben, Speiseöl darübergeben und offen in die Mikrowelle stellen. Das Fleisch während der Garzeit öfter mit etwas Rotwein begießen.

Mikrowelle Watt	**Heißluft** °C	**Grill** °C/Stufe	**Zeit** Min.
300–360	180	–	20–25

3 Zwiebel abziehen und fein würfeln. Möhre putzen, waschen und in Würfel schneiden. Sellerie putzen, waschen, in feine Würfel schneiden. Das Fleisch wenden, das Gemüse zum Fleisch geben.

4 Backpflaumen in Stücke schneiden, mit Fleischbrühe zu dem Fleisch geben, mit Paprikapulver oder Thymian würzen und zugedeckt fortgaren.

Mikrowelle Watt	**Heißluft** °C	**Grill** °C/Stufe	**Zeit** Min.
300–360	170–180	–	35–40

5 Den Braten aus der Mikrowelle nehmen, in Alufolie wickeln und 5 Minuten ruhen lassen, damit sich der Bratensaft verteilen lassen. Crème fraîche unter den Bratensatz rühren, nochmals abschmecken, evtl. nochmals in der Mikrowelle erhitzen.

Mikrowelle Watt	**Heißluft** °C	**Grill** °C/Stufe	**Zeit** Min.
700–850	–	–	2

6 Die Sauce mit Weinbrand würzen. Den Braten in Scheiben schneiden und anrichten.

Beilage: *Salzkartoffeln und gemischter Salat.*

Tipp: *Zum Überprüfen des Garungsgrades ein Fleischthermometer benutzen.*

Zutaten

3 Portionen

650 g schieres Rindfleisch
Salz
frisch gemahlener Pfeffer
Paprikapulver oder 1 EL Thymianblättchen oder Rosmarinnadeln
4 Scheiben durchwachsener Speck
1 EL Speiseöl
150 ml Rotwein
1 mittelgroße Zwiebel
1 Möhre
1 Stange Staudensellerie
125 g weiche, entsteinte Backpflaumen
250 ml (¼ l) heiße Fleischbrühe
gerebelten Thymian
2 EL Crème fraîche mit Kräutern
Weinbrand

Zubereitungszeit:
70–80 Minuten

Gesamtgarzeit:
57–62 Minuten

Pro Portion:
E: 53 g, F: 32 g, Kh: 11 g, kJ: 2561, kcal: 613

FÜR GÄSTE

Kasselerbraten mit Gemüse

Zutaten

3 Portionen

500 g Kartoffeln
1 Zwiebel
1 Knoblauchzehe
½ EL Butterschmalz
600 g Kasseler am Stück (roh geräuchert, ohne Knochen)
1 EL Speiseöl
1 geh. TL Paprikapulver
125 ml (⅛ l) Fleischbrühe
500 g rote und grüne Paprikaschoten
Salz
frisch gemahlener Pfeffer
1–2 TL gerebelter Thymian
1–2 EL gehackte Petersilie

Zubereitungszeit:
35 Minuten

Gesamtgarzeit:
20–23 Minuten

Pro Portion:
E: 58 g, F: 41 g, Kh: 51 g, kJ: 3588, kcal: 856

FÜR GÄSTE

1 Kartoffeln schälen, waschen und in dünne Scheiben schneiden oder hobeln. Zwiebel und Knoblauch abziehen, Zwiebel in sehr dünne Ringe schneiden, Knoblauch in feine Scheiben schneiden.

2 Ein Mikrowellengeschirr mit Butterschmalz gut einfetten. Kartoffeln, Zwiebel und Knoblauch an den Rand der Form legen.

3 Kasseler unter fließendem kalten Wasser abspülen und trockentupfen. Die Fettschicht mit einem scharfen Messer rautenförmig einschneiden. Öl mit Paprikapulver verrühren und das Fleisch damit bepinseln.

4 Das Fleisch zu dem Gemüse geben, Brühe hinzugeben und zugedeckt in die Mikrowelle stellen.

Mikrowelle Watt	**Heißluft** °C	**Grill** °C/Stufe	**Zeit** Min.
700–850	–	–	10–12

5 Paprika halbieren, entstielen, entkernen, die weißen Scheidewände entfernen, Schoten waschen und in Streifen schneiden. Mit Salz, Pfeffer und Thymian würzen. Die Paprikastreifen zu dem Gemüse hinzugeben, etwas unterheben und zugedeckt garen.

Mikrowelle Watt	**Heißluft** °C	**Grill** °C/Stufe	**Zeit** Min.
700–850	–	–	etwa 5

Dann fortgaren.

Mikrowelle Watt	**Heißluft** °C	**Grill** °C/Stufe	**Zeit** Min.
350–450	–	–	5–6

6 Den Kasselerbraten in Alufolie wickeln und etwa 10 Minuten ruhen lassen, damit der Bratensaft sich setzen kann.

7 Petersilie unter das Gemüse mischen. Mit Salz und Pfeffer abschmecken. Den Braten in Scheiben schneiden und auf dem Paprika-Kartoffel-Gemüse anrichten.

Kasselerschmortopf

Zutaten

2–3 Portionen

600 g Kasselernacken
1 Zwiebel
1 Stange Porree (Lauch, 300 g)
½ EL Currypulver
frisch gemahlener Pfeffer
125 ml (⅛ l) Apfelwein (Cidre)
2 kleine säuerliche Äpfel (200 g)
1–2 EL Crème fraîche
1 Prise Zucker
1 TL Speisestärke
Salz
½ EL gehackte Petersilie

Zubereitungszeit:
25–30 Minuten

Gesamtgarzeit:
15–20 Minuten

Pro Portion:
E: 48 g, F: 35 g, Kh: 14 g, kJ: 2618, kcal: 625

RAFFINIERT

1 Kasselernacken unter fließendem kalten Wasser abspülen, trockentupfen, von den Knochen lösen und in Würfel schneiden. Das Fleisch in ein Mikrowellengeschirr geben und zugedeckt in die Mikrowelle stellen.

Mikrowelle Watt	**Heißluft** °C	**Grill** °C/Stufe	**Zeit** Min.
700–850	–	–	5–7

2 Zwiebel abziehen und würfeln. Porree putzen, längs halbieren, waschen und in Scheiben schneiden. Beide Zutaten zu dem Fleisch geben.

3 Currypulver unterrühren und mit Pfeffer würzen. Apfelwein hinzugießen und zugedeckt weitergaren.

Mikrowelle Watt	**Heißluft** °C	**Grill** °C/Stufe	**Zeit** Min.
700–850	–	–	4–5

4 Äpfel schälen, achteln, das Kerngehäuse herausschneiden, die Apfelachtel hinzufügen, den Schmortopf einmal umrühren und weitergaren.

Mikrowelle Watt	**Heißluft** °C	**Grill** °C/Stufe	**Zeit** Min.
350–450	–	–	6–8

5 Crème fraîche und Speisestärke verrühren und 3 Minuten vor Beendigung der Garzeit unter den Schmortopf rühren.

6 Den Schmortopf zugedeckt 3–5 Minuten außerhalb der Mikrowelle nachgaren lassen und mit Pfeffer, Salz und Zucker abschmecken.

Beilage: *Salzkartoffeln oder Bandnudeln und Blattsalat mit Zitronen-Joghurt-Sauce.*

Gefüllte Rippe

Zutaten

6 Portionen

1250 g magere, dicke Rippe (mit eingeschnittener Tasche)
1 Brötchen
2 Zwiebeln
20 g Butter
250 g Bratwurstbrät
2 EL gehackte Petersilie
1 Ei
Salz
frisch gemahlener Pfeffer
frisch geriebene Muskatnuss
50 g Knollensellerie
1 Möhre oder Fleischtomate
etwa 500 ml (½ l) heißes Wasser oder Fleischbrühe

Zubereitungszeit:
90 Minuten

Gesamtgarzeit:
54–60 Minuten

Pro Portion:
E: 48 g, F: 46 g, Kh: 6 g, kJ: 2711, kcal: 647

DAUERT LÄNGER

1 Die Rippe unter fließendem kalten Wasser abspülen und trockentupfen. Für die Füllung Brötchen in kaltem Wasser einweichen und dann ausdrücken.

2 Zwiebeln abziehen und würfeln. Butter zerlassen und die Hälfte der Zwiebelwürfel darin glasig dünsten, dann abkühlen lassen. Brötchen, die gedünsteten Zwiebelwürfel, Bratwurstbrät, Petersilie und Ei vermengen und mit Salz, Pfeffer und Muskat abschmecken.

3 Das Fleisch innen und außen mit Salz und Pfeffer würzen. Die Masse in die Tasche füllen. Tasche mit Küchengarn zunähen und in ein Mikrowellengeschirr legen.

4 Sellerie und Möhre putzen, schälen, waschen, in Würfel schneiden oder Tomate waschen, den Stengelansatz herausschneiden und die Tomate würfeln. Das Gemüse um das Fleisch verteilen, etwas Wasser oder Brühe hinzugießen und zugedeckt in die Mikrowelle stellen.

Mikrowelle Watt	**Heißluft** °C	**Grill** °C/Stufe	**Zeit** Min.
350–450	210	–	52–57

5 Die Rippe während des Bratvorganges nach und nach mit der restlichen Flüssigkeit begießen. Die Rippe herausnehmen und zugedeckt warm stellen.

6 Die Sauce durch ein Sieb passieren, evtl. mit Wasser oder Brühe auffüllen und nochmals erwärmen.

Mikrowelle Watt	**Heißluft** °C	**Grill** °C/Stufe	**Zeit** Min.
700–850	–	–	2–3

7 Die Sauce abschmecken. Die Fäden aus der Rippe entfernen, evtl. die Knochen auslösen. Das Fleisch in Scheiben schneiden und die Sauce dazu reichen.

Tipp: *Eine gemischte Gemüseplatte dazu reichen.*

Calvadosrouladen

1 Schweinerouladen unter fließendem kalten Wasser abspülen, trockentupfen, mit Salz und Pfeffer würzen. Senf mit Curryketchup verrühren und die Rouladen mit der Paste bestreichen.

2 Frühstücksspeck und Käse auf die Rouladen legen. Zwiebel abziehen und fein würfeln. Porree putzen, längs halbieren, gründlich waschen und in dünne Ringe schneiden. Apfel schälen, entkernen und in feine Scheiben schneiden.

3 Die Apfelscheiben mit den Gemüsewürfeln und den Kräutern der Provence vermengen. Von dieser Mischung etwas auf den Rouladen verteilen und den Rest beiseite stellen.

4 Die Rouladen zusammenrollen, mit Zahnstochern feststecken oder mit Küchengarn umwickeln. Die Rouladen mit Butterschmalz in ein Mikrowellengeschirr geben und zugedeckt in die Mikrowelle stellen, zwischendurch wenden.

Mikrowelle Watt	**Heißluft** °C	**Grill** °C/Stufe	**Zeit** Min.
700–850	–	–	5–7

5 Das restliche Gemüse mit Weißwein zu den Rouladen geben und zugedeckt weitergaren.

Mikrowelle Watt	**Heißluft** °C	**Grill** °C/Stufe	**Zeit** Min.
350–450	–	–	18–22

6 Sahne mit Estragon und Calvados vermengen und über die Rouladen geben. Die Rouladen mit der Sauce zugedeckt erhitzen.

Mikrowelle Watt	**Heißluft** °C	**Grill** °C/Stufe	**Zeit** Min.
700–850	–	–	3–4

7 Die Rouladen außerhalb der Mikrowelle 3–5 Minuten nachgaren lassen. Dann die Sauce nochmals mit den Gewürzen abschmecken. Die Rouladen anrichten, die Sauce darübergießen und mit Kräuterzweigen garniert servieren.

Zutaten

2 Portionen

2 Schweinerouladen (à etwa 150 g)
Salz
frisch gemahlener Pfeffer
1 TL mittelscharfer Senf
1 TL Curryketchup
2 Scheiben Frühstücksspeck
2 Scheiben junger Gouda-Käse
1 kleine Zwiebel
1 Stück Porree (Lauch)
1 säuerlicher Apfel (etwa 200 g)
1 TL Kräuter der Provence
1–2 EL Butterschmalz
50 ml Weißwein
150 ml Schlagsahne
2 EL gehackter Estragon
2 cl Calvados
Kräuterzweige

Zubereitungszeit:
55 Minuten

Gesamtgarzeit:
26–33 Minuten

Pro Portion:
E: 39 g, F: 63 g, Kh: 10 g, kJ: 3567, kcal: 852

RAFFINIERT

Griechischer Hackbraten

Zutaten

6–8 Portionen

2 Brötchen
125 g durchwachsener Speck
1 EL Speiseöl
2 Zwiebeln
2 Knoblauchzehen
1 kg Rindergehacktes
3 Eier
2 EL gehackte Petersilie
2 EL feingeschnittener Schnittlauch
1 EL Tomatenmark
Salz
frisch gemahlener Pfeffer
Rosenpaprika
200 g Schafskäse
6–8 EL Schlagsahne
gerebelter Thymian
gerebeltes Basilikum
1 EL Speiseöl
3 Lorbeerblätter
1–2 EL Pinienkerne

Zubereitungszeit:
60 Minuten

Gesamtgarzeit:
29–32 Minuten

Pro Portion:
E: 40 g, F: 49 g, Kh: 9 g,
kJ: 2860, kcal: 683

FÜR GÄSTE

1 Brötchen in kaltem Wasser einweichen und gut ausdrücken.

2 Speck in Würfel schneiden. Zwiebeln abziehen und würfeln. Knoblauch abziehen und zerdrücken. Die drei Zutaten in ein Mikrowellengeschirr geben und zugedeckt in die Mikrowelle stellen.

Mikrowelle Watt	**Heißluft** °C	**Grill** °C/Stufe	**Zeit** Min.
700–850	–	–	4–5

3 Die Speck-Zwiebel-Masse mit dem ausgedrückten Brötchen, Rindergehacktem, Eiern, Petersilie, Schnittlauch und Tomatenmark vermengen, mit Salz, Pfeffer und Rosenpaprika kräftig würzen.

4 Schafskäse zerdrücken, mit Sahne, Thymian und Basilikum verrühren. Eine mikrowellengeeignete Pieform (Ø etwa 26 cm) oder eine flache Auflaufform mit Speiseöl ausstreichen, die Hälfte des Fleischteiges hineingeben und glattstreichen.

5 Die Schafskäse-Masse darauf geben, am Rand 1–2 cm frei lassen, mit der restlichen Fleischmasse bedecken, glattstreichen und mit Speiseöl beträufeln.

6 Den Hackbraten mit Lorbeerblättern belegen und mit Pinienkernen bestreuen und offen garen.

Mikrowelle Watt	**Heißluft** °C	**Grill** °C/Stufe	**Zeit** Min.
500–600	–	200/3	25–27

7 Den Hackbraten 5 Minuten zugedeckt außerhalb nachgaren lassen.

Beigabe: *Griechisches Fladenbrot oder Reis, Tomatensauce oder -ketchup und Salat.*

Tipps: *Bei einem sehr leistungsstarken Grill evtl. den Grill nach etwa 15 Minuten abschalten. Der griechische Hackbraten kann auch kalt serviert werden. Das Gericht kann auch im Ein-Stufen-Gerät zubereitet werden.*

Serbisches Reisfleisch

Zutaten

2–3 Portionen

350 g Schweineschnitzel
2–3 Zwiebeln
1 Knoblauchzehe
1 EL Speiseöl
1 kleine Dose Tomaten (240 g, mit Saft)
200 g Brühreis
250 ml (¼ l) heiße Fleischbrühe
1 TL Paprikapulver edelsüß
Cayennepfeffer oder Paprika extra scharf
Salz
2 EL Crème fraîche
1 EL gehackte Petersilie

Zubereitungszeit:
35–40 Minuten

Gesamtgarzeit:
19–24 Minuten

Pro Portion:
E: 32 g, F: 17 g, Kh: 58 g, kJ: 2214, kcal: 529

KLASSISCH

1 Schweinefleisch unter fließendem kalten Wasser abspülen, trockentupfen und in kleine Würfel schneiden und in ein Mikrowellengeschirr geben.

2 Zwiebeln und Knoblauch abziehen, würfeln, zu den Fleischwürfeln geben und mit Öl beträufeln. Das Fleisch zugedeckt in die Mikrowelle stellen.

Mikrowelle Watt	**Heißluft** °C	**Grill** °C/Stufe	**Zeit** Min.
700–850	–	–	5–6

4 Tomaten etwas zerkleinern und mit dem Saft zu dem Fleisch geben. Reis und Brühe ebenfalls hinzugeben. Das Reisfleisch mit Paprika, Cayennepfeffer oder Paprika und Salz würzen und zugedeckt weitergaren.

Mikrowelle Watt	**Heißluft** °C	**Grill** °C/Stufe	**Zeit** Min.
700–850	–	–	5–7

5 Das Reisfleisch umrühren und weitergaren.

Mikrowelle Watt	**Heißluft** °C	**Grill** °C/Stufe	**Zeit** Min.
350–450	–	–	9–11

6 Das Reisfleisch aus der Mikrowelle nehmen, 5 Minuten außerhalb des Gerätes zugedeckt nachgaren lassen, dann Crème fraîche unterrühren, mit Paprika abschmecken und mit Petersilie bestreuen.

Tipp: *Gemischten Blattsalat dazu reichen.*

Szegediner Gulasch

Zutaten

3 Portionen

500 g Schweinefleisch (Nacken oder Kotelett ohne Knochen)
1 EL Paprika edelsüß
1 TL Worcestersauce
Salz
1 Zwiebel
500 g Sauerkraut (aus der Dose)
500 ml (½ l) Instant-Fleischbrühe
Paprika edelsüß

Zubereitungszeit:
60 Minuten

Gesamtgarzeit:
35–43 Minuten

Pro Portion:
E: 40 g, F: 20 g, Kh: 5 g, kJ: 1639, kcal: 392

KLASSISCH

1 Schweinefleisch unter fließendem kalten Wasser abspülen, trockentupfen und in Würfel schneiden. Das Fleisch mit Paprika, Worcestersauce und Salz würzen, in ein Mikrowellengeschirr legen und zugedeckt in die Mikrowelle stellen.

Mikrowelle Watt	**Heißluft** °C	**Grill** °C/Stufe	**Zeit** Min.
500–600	–	–	12–15

2 Zwiebel abziehen und fein würfeln. Sauerkraut mit einer Gabel lockerzupfen und mit der Zwiebel und Instant-Fleischbrühe unter das Fleisch mengen und zugedeckt weitergaren, zwischendurch umrühren.

Mikrowelle Watt	**Heißluft** °C	**Grill** °C/Stufe	**Zeit** Min.
700–850	–	–	4–6

Dann weitergaren, zwischendurch nochmals umrühren.

Mikrowelle Watt	**Heißluft** °C	**Grill** °C/Stufe	**Zeit** Min.
350–450	–	–	19–22

3 Evtl. mit Salz, Paprika abschmecken, das Szegediner Gulasch aus dem Mikrowellenherd nehmen, zugedeckt 5–10 Minuten nachgaren lassen.

Beilage: *Kartoffelbrei.*

Tipp: *Das Szegediner Gulasch kann zusätzlich mit 1 Lorbeerblatt, 3 Wacholderbeeren und 4 Pimentkörnern gewürzt werden. Nach Belieben kann vor dem Servieren 1 Esslöffel saure Sahne unter das Gulasch gerührt werden.*

Zwiebelfleisch

1 Zwiebeln abziehen, in Scheiben schneiden und in ein Mikrowellengeschirr geben. Schweinefleisch unter fließendem kalten Wasser abspülen, trockentupfen, in Würfel schneiden und zu den Zwiebeln geben. Brühe und Semmelbrösel hinzufügen.

2 Rippchen unter fließendem kalten Wasser abspülen, trockentupfen, mit Salz und Pfeffer würzen und auf die Zwiebeln legen.

3 Kümmel, Majoran und Lorbeerblätter über die Rippchen und Zwiebeln streuen und zugedeckt in die Mikrowelle stellen.

Mikrowelle Watt	**Heißluft** °C	**Grill** °C/Stufe	**Zeit** Min.
700–850	–	–	9–11

4 Die Rippchen wenden und zugedeckt weitergaren.

Mikrowelle Watt	**Heißluft** °C	**Grill** °C/Stufe	**Zeit** Min.
350–450	–	–	25–30

5 Das Gefäß aus der Mikrowelle nehmen und zugedeckt 5 Minuten nachgaren lassen, dann nochmals mit Salz und Pfeffer abschmecken.

6 Schnittlauch abspülen, trockentupfen, feinschneiden und über das Zwiebelfleisch streuen.

Tipp: *Dazu kräftiges Brot oder Salzkartoffeln reichen.*

Zutaten

3–4 Portionen

375 g Zwiebeln
200 g Schweinenacken (ohne Knochen)
250 ml (¼ l) Fleischbrühe
1 EL Semmelbrösel
3–4 Schweinerippchen (700 g)
Salz
frisch gemahlener Pfeffer
½ EL Kümmel
gerebelter Majoran
1–2 Lorbeerblätter
1 Bund Schnittlauch

Zubereitungszeit:
55 Minuten

Gesamtgarzeit:
34–41 Minuten

Pro Portion:
E: 45 g, F: 36 g, Kh: 8 g, kJ: 2280, kcal: 544

PREISWERT

Hühnerbrust, indisch

Zutaten

2 Portionen

2 Hühnerbrustfilets (à 150–175 g)
Salz
frisch gemahlener Pfeffer

Für die Gewürzpaste:
1 TL mildes Currypulver
1 Msp. Cumin (Kreuzkümmel)
1–2 zerdrückte, grüne Kardamomkapseln
1–2 TL feingewürfelte Ingwerwurzel
2 TL Sesamöl

1 kleine Dose (240 g Abtropfgewicht) Kichererbsen
125 g Zucchini
150 g Mangofruchtfleisch
150 g cremiger Joghurt
1 TL Speisestärke
1 TL mildes Currypulver
1 EL gehackte glatte Petersilie oder Korianderblättchen

Zubereitungszeit:
35 Minuten

Gesamtgarzeit:
12–16 Minuten

Pro Portion:
E: 14 g, F: 14 g, Kh: 26 g, kJ: 1285, kcal: 307

RAFFINIERT

1 Hühnerbrustfilets unter fließendem kalten Wasser abspülen, trockentupfen und mit Salz und Pfeffer würzen.

2 Die Zutaten für die Gewürzpaste verrühren, mit zwei Drittel der Paste die Filets bestreichen.

3 Kichererbsen abtropfen lassen, die Flüssigkeit dabei auffangen. Von der Zucchini die Enden abschneiden, Zucchini putzen, waschen, vierteln und in Scheiben schneiden.

4 Kichererbsen und Zucchini in eine Auflaufform geben, mit Salz und Pfeffer würzen. Die restliche Gewürzpaste mit 2–3 Esslöffeln der Kichererbsenflüssigkeit verrühren und mit dem Gemüse mischen.

5 Die Hühnerbrustfilets mit der Paste nach oben auf das Gemüse legen. Die Form zugedeckt in die Mikrowelle stellen.

Mikrowelle Watt	**Heißluft** °C	**Grill** °C/Stufe	**Zeit** Min.
700–850	–	–	7–8

6 Das Mangofruchtfleisch würfeln. Joghurt mit Speisestärke und Curry verrühren, die Mangostücke hinzufügen. Die Filets aus der Form nehmen, die Joghurtmasse unter das Gemüse rühren, die Filets wieder darauf legen und zugedeckt weitergaren.

Mikrowelle Watt	**Heißluft** °C	**Grill** °C/Stufe	**Zeit** Min.
350–450	–	–	5–8

7 Die Hühnerbrust 5 Minuten zugedeckt außerhalb der Mikrowelle nachgaren lassen, dann mit Petersilie oder Koriander bestreut servieren.

Beigabe: *Basmatireis.*

Hähnchen auf texanische Art

Zutaten

4 Portionen

1 Hähnchen (etwa 1 ¼ kg)
Salz
frisch gemahlener Pfeffer
3 EL Speiseöl
1 EL Butter
250 g Gehacktes (halb Rind-, halb Schweinefleisch)
2 Zwiebeln
1 Knoblauchzehe
70 g Tomatenmark (aus der Dose)
250 ml (¼ l) Rotwein
125 ml (⅛ l) Fleischbrühe
gerebeltes Basilikum
gerebelter Thymian
Cayennepfeffer
gemahlener Zimt
285 g Gemüsemais (aus der Dose)
300 g TK-Erbsen
2 EL gehackte Petersilie
einige Basilikumblätter

Zubereitungszeit:
55 Minuten

Gesamtgarzeit:
39–43 Minuten

Pro Portion:
E: 50 g, F: 60 g, Kh: 23 g,
kJ: 3873, kcal: 926

FÜR GÄSTE

1 Hähnchen unter fließendem kalten Wasser abspülen, trockentupfen, in 8 Stücke schneiden, mit Salz und Pfeffer würzen.

2 Das Gehackte in ein großes, tiefes Mikrowellengeschirr geben und mit einer Gabel zerdrücken.

3 Zwiebeln abziehen und würfeln. Knoblauchzehe abziehen und zerdrücken. Beide Zutaten zu dem Gehackten hinzufügen und zugedeckt in die Mikrowelle geben.

Mikrowelle Watt°	**Heißluft** C	**Grill** °C/Stufe	**Zeit** Min.
700–850	–	–	4–5

4 Das Gehackte nochmals zerdrücken. Tomatenmark, Rotwein und Fleischbrühe hinzufügen, mit Salz, Pfeffer, Basilikum, Thymian, Cayennepfeffer und Zimt würzen. Mais abtropfen lassen und mit den tiefgekühlten Erbsen ebenfalls dazugeben. Zugedeckt weitergaren.

Mikrowelle Watt	**Heißluft** °C	**Grill** °C/Stufe	**Zeit** Min.
700–850	–	–	5–6

5 Die Hähnchenteile auf den Gemüse-Fleischtopf legen (mit der Unterseite nach oben), nach der Hälfte der Garzeit wenden.

Mikrowelle Watt	**Heißluft** °C	**Grill** °C/Stufe	**Zeit** Min.
350–450	–	200/3	30–32

6 Das Hähnchen 3 Minuten zugedeckt außerhalb der Mikrowelle nachgaren lassen.

Tipp: *Die Zubereitung ist auch im 1-Stufengrill möglich. Bitte die Gebrauchsanweisung des Herstellers beachten.*

Scharfes Putencurry

Zutaten

2 Portionen

2 (10 g) chinesische Mu-err-Pilze
300 g Putenbrustfleisch
1 Zwiebel
1–2 Knoblauchzehen
1 Stange Porree (Lauch, 250 g)
1 rote Paprikaschote (175 g)
1–2 kleine, rote Chilischoten
Salz
frisch gemahlener Pfeffer
1 EL Butterschmalz
1 TL frischer, feingehackter Ingwer oder ½ TL Ingwerpulver
1 EL Kokoscreme oder 150 ml ungesüßter Kokosnussextrakt
150 g Joghurt
1 EL Currypulver
1 TL Speisestärke
½ Bund glattblättrige Petersilie
1 EL grob gehackte Cashewkerne

Zubereitungszeit:
60 Minuten

Gesamtgarzeit:
15–18 Minuten

Pro Portion:
E: 44 g, F: 14 g, Kh: 23 g, kJ: 1789, kcal: 428

RAFFINIERT

1 Pilze etwa 30 Minuten in heißem Wasser einweichen, dann gut abspülen und in kleine Stücke schneiden.

2 Putenbrustfilet unter fließendem kalten Wasser abspülen, trockentupfen und in gleichmäßige Würfel schneiden. Zwiebel und Knoblauch abziehen und fein hacken.

3 Porree putzen, waschen, halbieren und schräg in Stücke schneiden. Paprika halbieren, entstielen, entkernen, die weißen Scheidewände entfernen, Schoten waschen und in Streifen schneiden. Chili waschen, halbieren, entkernen, waschen und fein würfeln.

4 Das Gemüse mit den Pilzen und dem Putenfleisch in ein Mikrowellengeschirr geben, mit Salz und Pfeffer würzen, mit Mikrowellenfolie zudecken und in die Mikrowelle stellen, zwischendurch einmal umrühren.

Mikrowelle Watt	**Heißluft** °C	**Grill** °C/Stufe	**Zeit** Min.
700–850	–	–	7–8

5 Kokosnusscreme oder -extrakt mit Joghurt, Currypulver und Speisestärke verrühren, über die Zutaten in die Schale gießen und gut unterrühren. Zugedeckt weitergaren.

Mikrowelle Watt	**Heißluft** °C	**Grill** °C/Stufe	**Zeit** Min.
700–750	–	–	3–4

6 Das Putencurry einmal umrühren und fortgaren.

Mikrowelle Watt	**Heißluft** °C	**Grill** °C/Stufe	**Zeit** Min.
350–450	–	–	5–6

7 Das Putencurry zugedeckt 5 Minuten außerhalb des Gerätes nachgaren lassen.

8 Petersilie abspülen, trockentupfen und grob hacken. Cashewkerne unter das fertige Curry mischen, mit Salz und Pfeffer abschmecken. Mit Petersilie bestreut servieren.

Beilage: *Reis.*

Fisch

Rotbarschfilet „Waterkant“

Zutaten

3 Portionen

500 g Rotbarschfilet
Zitronensaft
Salz
1–2 Zwiebeln
50 g Butter
150 ml Weißwein
einige schwarze Pfefferkörner
1 kleines Lorbeerblatt
3 Pimentkörner
1 Becher (150 g) Crème fraîche
5–6 EL Tomatenketchup
1 geh. TL Speisestärke
frisch gemahlener Pfeffer
Paprika edelsüß
1 Prise Zucker
2 EL gehackte Petersilie

Zubereitungszeit:
25 Minuten

Gesamtgarzeit:
9–13 Minuten

Pro Portion:
E: 33 g, F: 35 g, Kh: 16 g, kJ: 2364, kcal: 565

RAFFINIERT

1 Rotbarschfilet unter fließendem kalten Wasser abspülen, trockentupfen, mit Zitronensaft beträufeln, etwa 15 Minuten stehen lassen und nochmals trockentupfen.

2 Die Filets mit Salz bestreuen.

3 Zwiebeln abziehen und fein würfeln, mit Butter, Wein und den Gewürzen in ein Mikrowellengeschirr geben und zugedeckt in die Mikrowelle stellen.

Mikrowelle Watt	**Heißluft** °C	**Grill** °C/Stufe	**Zeit** Min.
700–850	–	–	3–4

4 Fisch hinzufügen und zugedeckt weitergaren.

Mikrowelle Watt	**Heißluft** °C	**Grill** °C/Stufe	**Zeit** Min.
350–450	–	–	4–6

5 Den garen Fisch evtl. in Portionsstücke schneiden, auf einer vorgewärmten Platte anrichten und warm stellen.

6 Für die Sauce den Fischsud durch ein Sieb gießen. Crème fraîche, Tomatenketchup und Speisestärke unterrühren und zugedeckt erhitzen.

Mikrowelle Watt	**Heißluft** °C	**Grill** °C/Stufe	**Zeit** Min.
700–850	–	–	2–3

7 Die Sauce mit Pfeffer, Paprika und Zucker abschmecken, über den Fisch geben und mit der gehackten Petersilie bestreuen.

Schollenfilet mit Mais-Champignon-Sauce

Zutaten

2–3 Portionen

500 g Schollenfilet
3 EL Zitronensaft
Salz
300 g Gemüsemais (aus der Dose)
etwa 200 g gedünstete Champignions
125 ml (⅛ l) trockener Rotwein
1 EL Weizenmehl
30 g Butter
3–4 EL Schlagsahne
frisch gemahlener Pfeffer
Paprika edelsüß
gehackte Petersilie

Zubereitungszeit:
30 Minuten

Gesamtgarzeit:
9–14 Minuten

Pro Portion:
E: 34 g, F: 18 g, Kh: 21 g, kJ: 1821, kcal: 436

FÜR GÄSTE

1 Schollenfilet unter fließendem kalten Wasser abspülen, trockentupfen, in Stücke schneiden, Zitronensaft, Salz darübergeben und stehen lassen.

2 Maiskörner abspülen, Champignons abtropfen lassen, blättrig schneiden und mit dem Mais in ein Mikrowellengeschirr geben.

3 Rotwein darübergießen, Mehl mit Butter verkneten, den Butter-Mehl-Kloß in das Gemüse geben und zugedeckt in die Mikrowelle stellen.

Mikrowelle Watt	**Heißluft** °C	**Grill** °C/Stufe	**Zeit** Min.
700–850	–	–	4–7

4 Sahne unter das Gemüse rühren, mit Salz, Pfeffer und Paprika würzen, die vorbereiteten Fischstücke darauf legen, mit Pfeffer bestreuen und zugedeckt weitergaren.

Mikrowelle Watt	**Heißluft** °C	**Grill** °C/Stufe	**Zeit** Min.
700–850	–	–	5–7

5 Die Schollenfilets zugedeckt 3 Minuten außerhalb der Mikrowelle nachgaren lassen, dann die Petersilie vorsichtig unterrühren.

Beilage: *Salzkartoffeln und Salat.*

Seezungenröllchen auf Zitronensauce

1 Seezungenfilets unter fließendem kalten Wasser abspülen, trockentupfen, mit Zitronensaft, Salz und Pfeffer würzen, 10 Minuten im Kühlschrank ziehen lassen.

2 Zwiebel abziehen, fein würfeln, mit Butter oder Margarine, Weißwein, Zitronensaft in ein Mikrowellengeschirr geben und zugedeckt in die Mikrowelle stellen.

Mikrowelle Watt	**Heißluft** °C	**Grill** °C/Stufe	**Zeit** Min.
700–850	–	–	3–5

3 Die Seezungenfilets zu Röllchen aufrollen, je nach Bedarf mit Zahnstochern feststecken, in den Zwiebelsud setzen und weitergaren.

Mikrowelle Watt	**Heißluft** °C	**Grill** °C/Stufe	**Zeit** Min.
500–600	–	–	6–8

4 Die Seezungenröllchen herausnehmen und warm stellen. Crème fraîche unter die Sauce rühren, Speisestärke mit etwas kaltem Wasser anrühren und unter die Sauce ziehen. Die Sauce mit Salz, Pfeffer, Worcestersauce, Zucker, Cayennepfeffer würzen und zugedeckt erhitzen.

Mikrowelle Watt	**Heißluft** °C	**Grill** °C/Stufe	**Zeit** Min.
700–850	–	–	2–4

5 Gehackte Zitronenmelisse unter die Sauce ziehen, die Seezungenröllchen in die Sauce setzen, je nach Bedarf nochmals erwärmen und mit Kräuterzweigen garniert servieren.

Beilage: *Reis oder Bandnudeln, Tomaten- oder Blattsalat.*

Zutaten

3 Portionen

400 g Seezungenfilets
Zitronensaft
Salz
frisch gemahlener Pfeffer
1 kleine Zwiebel
1 EL Butter oder Margarine
100 ml Weißwein
Saft von 1 Zitrone
150 g Crème fraîche
1 EL Speisestärke
Worcestersauce
1 Prise Zucker
Cayennepfeffer
2 EL gehackte Zitronenmelisse
Kräuterzweige

Zubereitungszeit:
30 Minuten

Gesamtgarzeit:
11–17 Minuten

Pro Portion:
E: 26 g, F: 20 g, Kh: 10 g, kJ: 1507, kcal: 360

FÜR GÄSTE

Forellen im Zitronensud

Zutaten

2 Portionen

1 mittelgroße Zwiebel
1 Stück Porree (Lauch)
1 Stück Staudensellerie
1 Möhre
1 EL Butter
2 EL Weißwein
50 ml Zitronensaft
250 ml (¼ l) heiße Gemüsebrühe
2 küchenfertige Forellen (à etwa 300 g)
etwas Weinessig
4 EL gemischte, gehackte Kräuter, z. B. Petersilie, Dill, Estragon
Salz
frisch gemahlener Pfeffer
1 Prise Zucker

Zubereitungszeit:
35 Minuten

Gesamtgarzeit:
15–19 Minuten

Pro Portion:
E: 62 g, F: 14 g, Kh: 10 g, kJ: 1912, kcal: 457

RAFFINIERT

1 Zwiebel abziehen und fein würfeln. Porree putzen, längs halbieren, gründlich waschen und in Streifen schneiden. Sellerie putzen, waschen und ebenfalls in Streifen schneiden. Möhre putzen, schälen, waschen und in dünne Streifen schneiden.

2 Das Gemüse mit Butter, Weißwein, Zitronensaft und Gemüsebrühe in ein Mikrowellengeschirr stellen und zugedeckt in die Mikrowelle stellen.

Mikrowelle Watt	**Heißluft** °C	**Grill** °C/Stufe	**Zeit** Min.
700–850	–	–	5–7

3 Forellen unter fließendem kalten Wasser abspülen und trockentupfen. Die Forellen mit Essig beträufeln, mit den Kräutern füllen und mit Salz und Pfeffer bestreuen.

4 Die Forellen in die Gemüseflüssigkeit legen und zugedeckt garen.

Mikrowelle Watt	**Heißluft** °C	**Grill** °C/Stufe	**Zeit** Min.
500–600	–	–	10–12

5 Die Forellen herausnehmen und warm stellen. Das Gemüse und die Flüssigkeit nochmals mit Salz, Pfeffer, Essig und Zucker abschmecken. Das Gemüse über die Forellen geben und mit etwas Flüssigkeit begossen servieren.

Beigabe: *Salzkartoffeln, Tomatensalat.*

Kabeljau mit körniger Senfsauce

Zutaten
3 Portionen
20 g Butter
2 EL Zwiebelwürfel
150 ml Wasser
1 kleines Lorbeerblatt
3 Pimentkörner
1 TL Senfkörner
einige Pfefferkörner
500 g Kabeljaufilet
Salz
frisch gemahlener Pfeffer
75 ml trockener Weißwein
1 EL körniger Senf
2 EL Crème fraîche
1 TL Speisestärke
2 EL Schnittlauchröllchen

Zubereitungszeit:
25 Minuten

Gesamtgarzeit:
9–13 Minuten

Pro Portion:
E: 30 g, F: 10 g, Kh: 3 g,
kJ: 1043, kcal: 248

SCHNELL

1 Butter, Zwiebelwürfel, Wasser und die Gewürze in ein Mikrowellengeschirr geben und zugedeckt in die Mikrowelle stellen.

Mikrowelle Watt	**Heißluft** °C	**Grill** °C/Stufe	**Zeit** Min.
700–850	–	–	3–5

2 Kabeljaufilets unter fließendem kalten Wasser abspülen, trockentupfen und salzen und pfeffern. Die Kabeljaufilets in den Kochsud geben und zugedeckt garen.

Mikrowelle Watt	**Heißluft** °C	**Grill** °C/Stufe	**Zeit** Min.
700–850	–	–	4–6

3 Die Fischfilets herausnehmen und warm stellen. Wein, Senf, Crème fraîche und Speisestärke in die Garflüssigkeit rühren und zugedeckt in die Mikrowelle stellen.

Mikrowelle Watt	**Heißluft** °C	**Grill** °C/Stufe	**Zeit** Min.
700–850	–	–	2–3

4 Die Sauce mit Salz und Pfeffer würzen und die Schnittlauchröllchen dazugeben. Den Fisch portionsweise anrichten und mit der Sauce übergießen.

Beilage: *Salzkartoffeln und Salatherzen.*

Lachskotelett auf Rosinen-Spinat

Zutaten

2 Portionen

2 Lachskoteletts (à 200 g)
1 Limone oder Zitrone (unbehandelt)
3–4 EL Pernod oder Ouzo (Anisschnaps)
1–2 Knoblauchzehen
1–2 TL Butter oder Olivenöl
300 g TK-Blattspinat
Salz
frisch gemahlener Pfeffer
geriebene Muskatnuss
100 ml Schlagsahne
1 geh. TL mildes Currypulver
1 TL Speisestärke
1 Msp. Zucker
2 EL Rosinen

Zubereitungszeit:
40 Minuten

Gesamtgarzeit:
18–22 Minuten

Pro Portion:
E: 52 g, F: 24 g, Kh: 24 g, kJ: 3754, kcal: 899

RAFFINIERT

1 Lachsfilet unter fließendem kalten Wasser abspülen und trockentupfen. Limone heiß abspülen, mit einem Zestenreißer einige Streifen von der Schale abreißen oder mit einem Messer einige Streifen abschneiden.

2 Die Limone auspressen. 2–3 Esslöffel Limonensaft mit Pernod oder Ouzo vermischen, das Lachsfilet damit beträufeln und etwa 10 Minuten durchziehen lassen.

3 Knoblauch abziehen, fein hacken und mit Butter oder Öl in ein Mikrowellengeschirr geben. Den Spinat hinzufügen und zum Auftauen zugedeckt in die Mikrowelle stellen.

Mikrowelle Watt	**Heißluft** °C	**Grill** °C/Stufe	**Zeit** Min.
350–450	–	–	7–9

4 Den Spinat auseinanderzupfen, mit Salz, Pfeffer und Muskat würzen.

5 Die Lachskoteletts aus der Marinade nehmen, mit Küchenpapier abtupfen, mit Salz und Pfeffer würzen und auf den Spinat legen.

6 Die verbliebene Marinade mit Sahne, Curry, Speisestärke und Zucker verrühren. Die Sauce und die Rosinen auf dem Spinat verteilen, das Ganze zugedeckt weitergaren.

Mikrowelle Watt	**Heißluft** °C	**Grill** °C/Stufe	**Zeit** Min.
350–450	–	–	11–13

7 Die Lachskoteletts 3–5 Minuten zugedeckt außerhalb der Mikrowelle nachgaren lassen.

8 Den Fisch mit Limonenstreifen garniert servieren.

Tip: *Dazu passt Baguette, Reis oder Nudeln.*

Gemüsefischpfanne mit Senfsauce

Zutaten

2 Portionen

2 Kabeljaufilets (à etwa 200 g)
Saft von ½ Zitrone
Salz
frisch gemahlener Pfeffer
Butter
2 enthäutete Tomaten (etwa 200 g)
100 g Champignons
Zitronensaft
4 Frühlingszwiebel
100 g TK-Erbsen
250 ml (¼ l) heißer Fischfond oder -brühe
1 TL Speisestärke
2–3 EL Schlagsahne
2–3 EL mittelscharfer Senf
Cayennepfeffer
1 Prise Zucker
2 EL gehackte Zitronenmelisse

Zubereitungszeit:
30 Minuten

Gesamtgarzeit:
8–10 Minuten

Pro Portion:
E: 44 g, F: 9 g, Kh: 20 g, kJ: 1542, kcal: 363

RAFFINIERT

1 Kabeljaufilets unter fließendem kalten Wasser abspülen, trockentupfen, mit Zitronensaft beträufeln, im Kühlschrank etwa 10 Minuten ziehen lassen, dann trockentupfen, mit Salz und Pfeffer bestreuen.

2 Ein Mikrowellengeschirr mit Butter ausfetten und die Fischfilets hineinlegen. Von enthäuteten Tomaten die Stengelansätze herausschneiden, die Tomaten in Scheiben schneiden.

3 Champignons putzen, mit Küchenpapier abreiben, evtl. abspülen und halbieren. Die Champignons mit Zitronensaft beträufeln.

4 Frühlingszwiebeln putzen, waschen und in Stücke schneiden. Tomaten, Champignons und Frühlingszwiebeln mit Erbsen über die Fischfilets verteilen.

5 Für die Senfsauce Fischfond oder -brühe mit Speisestärke, Sahne und Senf verrühren, mit Salz, Pfeffer, Cayennepfeffer und Zucker würzen.

6 Die Sauce über die Zutaten gießen und zugedeckt in die Mikrowelle stellen.

Mikrowelle Watt	Heißluft °C	Grill °C/Stufe	Zeit Min.
700–850	–	–	8–10

7 Die Fischpfanne zugedeckt 3 Minuten außerhalb der Mikrowelle nachgaren lassen, dann mit Zitronenmelisse bestreut servieren.

Fischfrikassee

1 Fischfilet unter fließendem kalten Wasser abspülen, trockentupfen, mit Zitronensaft beträufeln und in nicht zu kleine Stücke schneiden.

2 Brühe oder Fond in ein Mikrowellengeschirr geben und zugedeckt in die Mikrowelle stellen.

Mikrowelle Watt	**Heißluft** °C	**Grill** °C/Stufe	**Zeit** Min.
700–850	–	–	3–5

3 Butter mit Hilfe einer Gabel mit Mehl verkneten, in die Brühe geben und mit dem Schneebesen gut durchschlagen.

4 Kapern, Weißwein oder Sahne dazugeben und mit Zitronensaft, Paprika, Salz und Pfeffer abschmecken. Die Fischstücke hinzufügen und zugedeckt weitergaren, zwischendurch einmal umrühren.

Mikrowelle Watt	**Heißluft** °C	**Grill** °C/Stufe	**Zeit** Min.
700–850	–	–	6–8

5 Das Fischfrikassee zugedeckt 3 Minuten außerhalb der Mikrowelle nachgaren lassen, dann nochmals abschmecken.

Tipp: *Das Frikassee nach Belieben im Kräuter-Reis-Ring anrichten, mit Zitronenvierteln, Petersilie, Tomatenachteln garnieren und mit gehackter Petersilie bestreuen.*

Zutaten

3–4 Portionen

600 g Fischfilet, z. B. Rotbarsch- oder Kabeljaufilet
1–2 EL Zitronensaft
Salz
frisch gemahlener Pfeffer

Für die Sauce:
400 ml Gemüsebrühe oder Fischfond
25 g weiche Butter
30 g Weizenmehl
½–1 EL Kapern
3 EL Weißwein oder Schlagsahne
Zitronensaft
Paprika edelsüß
2 Eigelb

Zubereitungszeit:
25 Minuten

Gesamtgarzeit:
9–13 Minuten

Pro Portion:
E: 9 g, F: 10 g, Kh: 15 g,
kJ: 857, kcal: 205

GUT VORZUBEREITEN

Sizilianische Fischrouladen

Zutaten

2 Portionen

2 Rotbarschfilets (à etwa 200 g)
Saft von ½ Zitrone
Salz
etwas milder Senf
gehackte Petersilie
1–2 Scheiben Gouda-Käse (75 g)
3–4 Sardellenfilets
1 kleine Gewürzgurke
75 ml Instant-Fleischbrühe

20 g Butter
1 gestr. EL Weizenmehl
75 ml Rotwein
1–2 EL Tomatenmark
frisch gemahlener Pfeffer
gerebelter Oregano

Zubereitungszeit:
25 Minuten

Gesamtgarzeit:
9–12 Minuten

Pro Portion:
E: 55 g, F: 30 g, Kh: 10 g, kJ: 2518, kcal: 601

RAFFINIERT

1 Rotbarschfilet unter fließendem kalten Wasser abspülen, trockentupfen, mit Zitronensaft beträufeln und mit Salz bestreuen. Die Filets mit der Hautseite nach unten legen und dünn mit Senf bestreuen. Petersilie darüberstreuen.

2 Käse, Sardellenfilets und Gewürzgurke in Streifen schneiden, gleichmäßig auf die Fischfilets verteilen. Die Filets von der schmalen Seite her aufrollen, mit je zwei Zahnstochern feststecken und in ein Mikrowellengeschirr legen. Brühe hinzugießen und zugedeckt in die Mikrowelle stellen.

Mikrowelle Watt	**Heißluft** °C	**Grill** °C/Stufe	**Zeit** Min.
500–600	–	–	7–9

3 Die Fischrouladen aus dem Mikrowellengeschirr nehmen und zugedeckt warm stellen.

4 Butter und Mehl mit einer Gabel verkneten und in den Fischsud rühren. Rotwein und Tomatenmark dazugeben und mit Salz, Pfeffer und Oregano würzen.

5 Die Sauce zugedeckt in die Mikrowelle stellen. Zwischendurch die Sauce einmal mit einem Schneebesen durchrühren.

Mikrowelle Watt	**Heißluft** °C	**Grill** °C/Stufe	**Zeit** Min.
700–850	–	–	2–3

6 Die Sauce mit Salz und Pfeffer abschmecken, die Fischrouladen in die Sauce legen.

Helgoländer Fischtopf

Zutaten

3 Portionen

75 g durchwachsener Speck
1 Zwiebel
1 EL Olivenöl
1 EL Weizenmehl
250 ml (¼ l) Gemüsebrühe
1 EL Tomatenmark
1 TL Paprika edelsüß
Salz
frisch gemahlener Pfeffer
300 g TK-Erbsen
500–600 g küchenfertiger Seeaal oder Viktoriabarschfilet
1–2 EL Zitronensaft
1 Prise Zucker
1 EL gehackte Petersilie

Zubereitungszeit:
35 Minuten

Gesamtgarzeit:
18–23 Minuten

Pro Portion:
E: 28 g, F: 25 g, Kh: 22 g, kJ: 1908, kcal: 455

FÜR KINDER

1 Speck würfeln. Zwiebel abziehen und ebenfalls würfeln. Beide Zutaten in ein Mikrowellengefäß geben. Öl hinzugeben und zugedeckt in die Mikrowelle stellen.

Mikrowelle Watt	**Heißluft** °C	**Grill** °C/Stufe	**Zeit** Min.
700–850	–	–	etwa 3

2 Mehl mit einem Schneebesen unterrühren. Brühe, Tomatenmark, Paprika, Salz und Pfeffer mit dem Schneebesen unterrühren. Erbsen hinzufügen und zugedeckt weitergaren.

Mikrowelle Watt	**Heißluft** °C	**Grill** °C/Stufe	**Zeit** Min.
700–850	–	–	6–8

3 Den Fisch unter fließendem kalten Wasser abspülen, trockentupfen und in 3–4 cm große Stücke schneiden. Den Fisch zusammen mit Zitronensaft in die Sauce geben, vorsichtig umrühren und zugedeckt weitergaren. Zwischendurch einmal umrühren.

Mikrowelle Watt	**Heißluft** °C	**Grill** °C/Stufe	**Zeit** Min.
350–450	–	–	9–11

4 Den Fischtopf zugedeckt 3 Minuten außerhalb der Mikrowelle nachgaren lassen, dann mit Salz, Pfeffer und Zucker abschmecken und mit Petersilie bestreut servieren.

Beilage: *Salzkartoffeln, Nudeln, Reis und Blattsalat.*

Gambas in Knoblauchöl

Zutaten

2 Portionen

8 rohe Gambas (Hummerkrabben mit Schale)
4 Knoblauchzehen
1 frische, rote Chilischote
6 EL Olivenöl
1 EL gehackte Petersilie

Zubereitungszeit:
15 Minuten

Gesamtgarzeit:
3–5 Minuten

Pro Portion:
E: 23 g, F: 38 g, Kh: 5 g,
kJ: 2002, kcal: 478

ETWAS TEURER

1 Schale am Rücken der Gambas längs aufschneiden, den Darm herauslösen, Gambas unter fließendem kalten Wasser abspülen und trockentupfen.

2 Knoblauch abziehen und würfeln. Chilischote entstielen, längs halbieren, entkernen, waschen, abtrocknen und klein schneiden.

3 Gambas, Knoblauch und Chilischoten mit Olivenöl in ein Mikrowellengeschirr geben und zugedeckt in die Mikrowelle stellen.

Mikrowelle Watt	**Heißluft** °C	**Grill** °C/Stufe	**Zeit** Min.
700–850	–	–	3–5

4 Gambas nach der Hälfte der Garzeit einmal wenden. Die garen Gambas mit Petersilie bestreut servieren.

Beigabe: *Baguette.*

Abwandlung: *Gambas, mariniert*
Dafür 2 Esslöffel Korianderblättchen fein hacken, mit Pfeffer und Chilipulver, 1 Teelöffel Sojasauce und 3 Esslöffel Sonnenblumenöl verrühren. Die vorbereiteten Gambas eine Stunde darin marinieren, zwischendurch umrühren und wie oben beschrieben garen.

Hummerkrabben auf Gemüsespaghetti

1 Hummerkrabbenschwänze unter fließendem kalten Wasser abspülen und trockentupfen.

2 Für die Marinade Olivenöl mit Zitronenschale, Kräutern der Provence und Zitronensaft verrühren. Knoblauchzehe abziehen, fein hacken und unter die Marinade rühren.

3 Die Krabbenschwänze mit der Marinade bestreichen. Zwiebel abziehen und fein würfeln. Staudensellerie putzen, gründlich waschen, in Würfel schneiden, mit Erbsen und Butter in ein Mikrowellengeschirr geben.

4 Champignons putzen, mit Küchenpapier abreiben, evtl. abspülen, in Scheiben schneiden, mit Zitronensaft beträufeln, zum Gemüse geben und Weißwein hinzugießen.

5 Die Hummerkrabbenschwänze auf das Gemüse legen und zugedeckt in die Mikrowelle stellen.

Mikrowelle Watt	**Heißluft** °C	**Grill** °C/Stufe	**Zeit** Min.
700–850	–	–	4–5

6 Die Hummerkrabbenschwänze herausnehmen und warm stellen. Fischfond und etwas Safran verrühren, unter das Gemüse rühren, mit Salz, Pfeffer und Cayennepfeffer würzen, im geschlossenen Mikrowellengeschirr weitergaren.

Mikrowelle Watt	**Heißluft** °C	**Grill** °C/Stufe	**Zeit** Min.
350–450	–	–	6–7

7 Crème fraîche mit heißen Spaghetti unter die Sauce geben, zugedeckt erhitzen.

Mikrowelle Watt	**Heißluft** °C	**Grill** °C/Stufe	**Zeit** Min.
350–450	–	–	3–4

8 Die Spaghetti nochmals kräftig abschmecken. Die Hummerkrabben darauf legen, evtl. kurz erwärmen, mit Kräuterzweigen garniert servieren.

Zutaten

2 Portionen

6–8 Hummerkrabbenschwänze

Für die Marinade:
2 EL Olivenöl
1 TL abgeriebene Zitronenschale (unbehandelt)
½ TL Kräuter der Provence
Zitronensaft
1 Knoblauchzehe
1 kleine Zwiebel
1 Stück Staudensellerie
50 g TK-Erbsen
1 EL Butter
50 g Champignons
75 ml Weißwein
125 ml (⅛ l) heißer Fischfond oder -brühe
etwas Safran
Salz, Pfeffer
Cayennepfeffer
1 Becher (150 g) Crème fraîche
300 g gekochte, heiße Spaghetti
Kräuterzweige

Zubereitungszeit:
30 Minuten

Gesamtgarzeit:
13–16 Minuten

Pro Portion:
E: 27 g, F: 43 g, Kh: 115 g, kJ: 4251, kcal: 1015

ETWAS TEURER

Gemischte, gefüllte Gemüse

Zutaten

2–3 Portionen

2 kleine Fleischtomaten (300 g)
1 kleine grüne oder gelbe Paprikaschoten (150 g)
2 mittelgroße Zucchini (à 200 g)
½ Brötchen, 1 Zwiebel
375 g Geflügelhackfleisch (Pute oder Hähnchen)
1 Ei, 1 EL gehackte Petersilie
Salz, Pfeffer
Cayennepfeffer
Worchestersauce
150 g Champignons, je nach Größe ganz, in Scheiben oder geviertelt
1 abgezogene, gewürfelte Zwiebel
1 EL Olivenöl, 2 EL Wasser
1 EL gehackte Petersilie

Zubereitungszeit:
40 Minuten

Gesamtgarzeit:
etwa 20 Minuten

Pro Portion:
E: 28 g, F: 6 g, Kh: 9 g, kJ: 928, kcal: 222

RAFFINIERT

1 Das Gemüse waschen. Von den Tomaten einen Deckel abschneiden und die Früchte aushöhlen. Dabei das Innere der Tomaten aufheben. Die Paprika halbieren, entkernen und waschen. Von jeder Paprikahälfte rundherum einen kleinen Streifen abschneiden.

2 Von den Zucchini längs einen Deckel abschneiden, ebenfalls aushöhlen und das Fruchtfleisch beiseite legen.

3 Brötchen in kaltem Wasser einweichen, dann gut ausdrücken. Zwiebel abziehen und würfeln, Zwiebelwürfel zusammen mit dem Brötchen, Hackfleisch, Ei, Petersilie, Salz, Pfeffer, Cayennepfeffer und Worchestersauce vermengen. Die Masse in das ausgehöhlte Gemüse füllen.

4 Das zurückbehaltene Fruchtfleisch grob hacken, mit den restlichen Zutaten vermischen, mit Salz und Pfeffer würzen und in einer Auflaufform verteilen. Die gefüllten Gemüsestücke (ohne Tomaten) darauf setzen und die Form zudeckt in die Mikrowelle stellen.

Mikrowelle Watt	**Heißluft** °C	**Grill** °C/Stufe	**Zeit** Min.
700–850	–	–	etwa 10

5 Tomaten hinzufügen und weitergaren.

Mikrowelle Watt	**Heißluft** °C	**Grill** °C/Stufe	**Zeit** Min.
350–450	–	–	etwa 10

6 Das Gemüse 5 Minuten in der Mikrowelle stehen lassen.

Tipp: *Die Zucchini können durch 2 kleine Auberginen (à etwa 225 g) ersetzt werden.*

Pikante Porreerollen

Zutaten

3 Portionen

3 Stangen Porree (Lauch, 900–1000 g)
100 ml Salzwasser
frisch gemahlener Pfeffer
3 Scheiben gekochter Schinken
100 ml Schlagsahne
geriebene Muskatnuss
Salz
Suppenwürze
4 geh. TL heller Saucenbinder
1 kleine, rote Paprikaschote (125 g)

Zubereitungszeit:
35 Minuten

Gesamtgarzeit:
15–19 Minuten

Pro Portion:
E: 14 g, F: 17 g, Kh: 14 g, kJ: 1148, kcal: 273

FÜR KINDER

1 Porree putzen, in 6–7 cm lange Stücke schneiden, knapp zwei Drittel mehrfach einschneiden und die Porreestücke waschen. Die Porreestücke in eine Auflaufform legen, das Salzwasser darübergießen, mit Pfeffer würzen und zugedeckt in die Mikrowelle stellen.

Mikrowelle Watt	**Heißluft** °C	**Grill** °C/Stufe	**Zeit** Min.
700–850	–	–	7–9

2 Den Porree auf ein Sieb zum Abtropfen geben, die Flüssigkeit dabei auffangen. Den Schinken in soviel Streifen schneiden, wie Porreestücke vorhanden sind. Die Schinkenstreifen um das nicht eingeschnittene Porreestück legen.

3 Sahne mit der Garflüssigkeit des Porrees verrühren, mit Muskat, Salz, Pfeffer und Suppengewürze abschmecken. Den Saucenbinder unterrühren, die Porreestücke hochkant hineinstellen.

4 Paprika halbieren, entstielen, entkernen, die weißen Scheidewände entfernen, Schoten waschen und in Würfel schneiden, über die Porreestücke streuen und zugedeckt weitergaren.

Mikrowelle Watt	**Heißluft** °C	**Grill** °C/Stufe	**Zeit** Min.
350–450	–	–	8–10

5 Die Porrreerollen außerhalb des Mikrowellengerätes 3 Minuten nachgaren lassen.

Beilage: *Salzkartoffeln.*

Tipp: *Die Garzeit des Porree ist wesentlich vom Alter des Porrees abhängig: junger Porree gart in kürzerer Zeit als älterer Winterporree.*

Rotkohl

Zutaten

3 Portionen

500 g Rotkohl (vorbereitet gewogen)
1 Apfel (200 g)
1 Zwiebel
1 EL Speiseöl, 3 EL Apfelessig
150 ml Apfelsaft oder Cidre
Salz, Pfeffer
je 1 Msp. gemahlener Zimt, Nelken und Piment
1 TL Zucker

Zubereitungszeit:
45 Minuten

Gesamtgarzeit:
25–30 Minuten

Pro Portion:
E: 3 g, F: 5 g, Kh: 19 g, kJ: 587, kcal: 139

KLASSISCH

1 Rotkohl waschen und fein schneiden. Apfel schälen, vierteln, entkernen und in kleine Stücke schneiden. Zwiebel abziehen und würfeln.

2 Die drei vorbereiteten Zutaten zusammen mit den restlichen Zutaten in eine Glasschüssel geben und zugedeckt in die Mikrowelle stellen.

Mikrowelle Watt	**Heißluft** °C	**Grill** °C/Stufe	**Zeit** Min.
700–850	–	–	7–8

3 Zwischendurch umrühren, dann weitergaren.

Mikrowelle Watt	**Heißluft** °C	**Grill** °C/Stufe	**Zeit** Min.
350–450	–	–	18–22

4 Zwischendurch zweimal umrühren.

Tipps: *Rotkohl mit Johannisbeergelee abschmecken. Als Beilage zu Wild-, Schweine- oder Rinderbraten reichen.*

Linsengemüse

Zutaten

2–3 Portionen

1 abgezogene Zwiebel
1 Stück Porree (etwa 80 g)
1 Möhre (etwa 80 g)
2 EL Butter
1 EL Tomatenmark
1 kleine Dose Linsen (etwa 400 g Einwaage)
Salz, Pfeffer
gerebelter Majoran
Weinessig, 1 Prise Zucker

1 Zwiebel fein würfeln. Porree putzen, längs halbieren, gründlich waschen, in Ringe schneiden. Möhre putzen, schälen, waschen, in feine Würfel schneiden.

2 Das Gemüse mit Butter in ein Mikrowellengeschirr geben und zugedeckt in die Mikrowelle stellen.

Mikrowelle Watt	**Heißluft** °C	**Grill** °C/Stufe	**Zeit** Min.
700–850	–	–	4–5

3 Tomatenmark unter das Gemüse rühren. Linsen mit Flüssigkeit hinzufügen, mit Salz, Pfeffer, Majoran, Weinessig und Zucker würzen.

4 Das Linsengemüse zugedeckt garen.

Mikrowelle Watt	Heißluft °C	Grill °C/Stufe	Zeit Min.
700–850	–	–	5–7

5 Das Gemüse außerhalb der Mikrowelle zugedeckt 3 Minuten nachgaren lassen und vor dem Servieren nochmals mit den Gewürzen abschmecken.

Beigabe: *Spätzle und Würstchen.*

Zubereitungszeit:
25 Minuten

Gesamtgarzeit:
9–12 Minuten

Pro Portion:
E: 21 g, F: 7 g, Kh: 47 g,
kJ: 1496, kcal: 358

PREISWERT

Möhren mit Ingwer

1 Möhren putzen, schälen, waschen und in feine Stifte schneiden und in ein Mikrowellengeschirr geben.

2 Butter, Zucker, Orangenschale, Ingwer, Salz, Pfeffer und Wasser dazugeben. Das Geschirr zugedeckt in die Mikrowelle stellen, zwischendurch umrühren.

Mikrowelle Watt	Heißluft °C	Grill °C/Stufe	Zeit Min.
700–850	–	–	7–8

Dann

Mikrowelle Watt	Heißluft °C	Grill °C/Stufe	Zeit Min.
350–450	–	–	3–5

3 Das Gemüse zugedeckt 3 Minuten nachgaren lassen, mit Salz und Pfeffer abschmecken, den Dill unterrühren.

Tipp: *Die Garzeit der Möhren ist abhängig von dem Alter des Gemüses; junge benötigen in der zweiten Kochphase nur etwa die Hälfte der Garzeit.*

Zutaten

2–3 Portionen

500 g junge Möhren
15 g Butter, 1 TL Zucker
abgeriebene Schale von ½ Orange (unbehandelt) oder ½ Pck. Orangenschale
1–2 TL Ingwerwurzel in sehr feine Streifen geschnitten
Salz, Pfeffer
5–6 EL Wasser
1 EL feingeschnittener Dill

Zubereitungszeit:
30 Minuten

Gesamtgarzeit:
10–38 Minuten

Pro Portion:
E: 1 g, F: 4 g, Kh: 9 g,
kJ: 359, kcal: 86

RAFFINIERT

Dillgurken-Gemüse

Zutaten

2–3 Portionen

375 g Salatgurke
2–3 mittelgroße, abgezogene Tomaten (etwa 275 g)
1 mittelgroße Zwiebel
1 Knoblauchzehe
25 g Butter oder
1 EL Sonnenblumenöl
Salz
frisch gemahlener Pfeffer
Cayennepfeffer
1 Prise Zucker
1 schwach geh. EL Crème fraîche (nach Belieben)
1–2 EL gehackter Dill

Zubereitungszeit:
20 Minuten

Garzeit:
etwa 10 Minuten

Pro Portion:
E: 2 g, F: 9 g, Kh: 6 g, kJ: 492, kcal: 117

SCHNELL – RAFFINIERT

1 Gurken schälen, halbieren, evtl. entkernen, in 1 cm breite Stücke schneiden. Von den Tomaten die Stengelansätze herausschneiden und die Tomaten in kleine Stücke schneiden.

2 Zwiebel und Knoblauch abziehen, würfeln und zusammen mit dem Gemüse in ein Mikrowellengeschirr geben. Mit Salz, Pfeffer, Cayennepfeffer und Zucker würzen und zugedeckt in die Mikrowelle stellen.

Mikrowelle Watt	**Heißluft** °C	**Grill** °C/Stufe	**Zeit** Min.
700–850	–	–	etwa 5

3 Das Gemüse umrühren und weitergaren, zwischendurch umrühren.

Mikrowelle Watt	**Heißluft** °C	**Grill** °C/Stufe	**Zeit** Min.
350–450	–	–	etwa 5

4 Das Gemüse aus der Mikrowelle nehmen und zugedeckt etwa 3 Minuten nachgaren lassen.

5 Crème fraîche und Dill unterheben und nochmals abschmecken.

Tipp: *Dillgurken-Gemüse als Beilage zu kurzgebratenem Fleisch wie Koteletts, Schnitzel, Frikadellen oder gedünstetem Fisch reichen.*

Buntes Kohlrabigemüse

Zutaten

2–3 Portionen

1 kleine Zwiebel
1 Möhre (etwa 80 g)
1 Stück Fenchel (etwa 100 g)
1 Kohlrabi (etwa 200 g)
1 kleine, rote Paprikaschote (etwa 100 g)
2 EL Butter
2–3 EL Weißwein
100 ml heiße Gemüsebrühe
2 enthäutete Tomaten (etwa 200 g)
1–2 EL Kapern
Salz
frisch gemahlener Pfeffer
geriebene Muskatnuss
2 EL Crème fraîche mit Kräutern
1 EL gehackte Pfefferminze

Zubereitungszeit:
40 Minuten

Garzeit:
11–13 Minuten

Pro Portion:
E: 3 g, F: 9 g, Kh: 9 g, kJ: 602, kcal: 144

RAFFINIERT

1 Zwiebel abziehen und fein würfeln. Möhre putzen, schälen, waschen und in feine Würfel schneiden. Fenchel putzen, waschen und in feine Würfel schneiden.

2 Kohlrabi schälen, waschen und in Würfel schneiden. Paprikaschote halbieren, entstielen, entkernen, die weißen Scheidewände entfernen. Die Schote waschen und in feine Würfel schneiden.

3 Das Gemüse mit Butter, Weißwein und Gemüsebrühe in ein Mikrowellengeschirr geben und zugedeckt in die Mikrowelle stellen.

Mikrowelle Watt	**Heißluft** °C	**Grill** °C/Stufe	**Zeit** Min.
700–850	–	–	8–10

4 Tomaten halbieren, die Stengelansätze herausschneiden und entkernen, das Fruchtfleisch in Würfel schneiden und zusammen mit Kapern unter das Gemüse heben, mit Salz, Pfeffer und Muskat würzen.

5 Crème fraîche unterziehen und zugedeckt nochmals erhitzen.

Mikrowelle Watt	**Heißluft** °C	**Grill** °C/Stufe	**Zeit** Min.
700–850	–	–	etwa 3

6 Das Kohlrabigemüse mit den Gewürzen abschmecken, anrichten und mit Pfefferminze bestreut servieren.

Tipp: *Das Kohlrabigemüse zu Schweine- oder Rinderbraten reichen.*

Reis

Zutaten

3 Portionen

175 g Langkornreis
375 ml (3/8 l) Gemüsebrühe

Zubereitungszeit:
30 Minuten

Gesamtgarzeit:
17–18 Minuten

Pro Portion:
E: 4 g, F: 1 g, Kh: 47 g, kJ: 863, kcal: 205

1 Reis und Brühe in ein Mikrowellengeschirr geben und zugedeckt in die Mikrowelle stellen.

Mikrowelle Watt	**Heißluft** °C	**Grill** °C/Stufe	**Zeit** Min.
700–850	–	–	7–8

2 Den Reis umrühren und dann weitergaren.

Mikrowelle Watt	**Heißluft** °C	**Grill** °C/Stufe	**Zeit** Min.
350–450	–	–	etwa 10

3 Den Reis aus der Mikrowelle nehmen und 10 Minuten nachgaren lassen.

Tomatenreis mit Auberginen

Zutaten

3 Portionen

1 Aubergine (250 g)
1–2 EL Olivenöl
2 abgezogene, zerdrückte Knoblauchzehen
1 Zwiebel, 1 Stange Porree (Lauch, etwa 150 g)
400 g abgezogene Tomaten
2 EL Tomatenmark
75–100 ml Wasser
500 g gekochter Reis
Salz
frisch gemahlener Pfeffer
1–2 TL gerebelter Thymian
½ Bund Petersilie

1 Aubergine waschen, Stengelansatz abschneiden, Aubergine in Würfel schneiden und in ein Mikrowellengefäß geben. Öl und Knoblauch hinzufügen.

2 Zwiebel abziehen und in feine Würfel schneiden. Porree, längs halbieren, waschen, in Streifen schneiden, beide Zutaten ebenfalls zu den Auberginen geben.

3 Das Gemüse mit Salz, Pfeffer und Thymian würzen und zugedeckt in die Mikrowelle stellen.

Mikrowelle Watt	**Heißluft** °C	**Grill** °C/Stufe	**Zeit** Min.
700–850	–	–	4–5

Dann umrühren und zugedeckt weitergaren.

Mikrowelle Watt	**Heißluft** °C	**Grill** °C/Stufe	**Zeit** Min.
350–450	–	–	3–4

4 Tomaten entkernen, in feine Würfel schneiden und zum Gemüse geben.

5 Tomatenmark und Wasser unterrühren und Reis unterheben. Mit Salz, Pfeffer und Thymian kräftig würzen und weitergaren, zwischendurch umrühren.

Mikrowelle Watt	**Heißluft** °C	**Grill** °C/Stufe	**Zeit** Min.
700–850	–	–	4–6

6 Tomatenreis nochmals abschmecken und mit gewaschener und feingehackter Petersilie bestreut servieren.

Zubereitungszeit:
30 Minuten

Gesamtgarzeit:
11–15 Minuten

Pro Portion:
E: 7 g, F: 9 g, Kh: 53 g, kJ: 1419, kcal: 339

VEGETARISCH

Pfifferlingsreis

1 Wasser in ein Mikrowellengefäß geben und zugedeckt in die Mikrowelle stellen.

Mikrowelle Watt	**Heißluft** °C	**Grill** °C/Stufe	**Zeit** Min.
700–850	–	–	4–6

2 Pfifferlinge hinzufügen, zugedeckt etwa 15 Minuten außerhalb des Gerätes quellen lassen.

3 Langkornreis mit Hühnerbrühe zu den Pfifferlingen geben und zugedeckt in die Mikrowelle stellen.

Mikrowelle Watt	**Heißluft** °C	**Grill** °C/Stufe	**Zeit** Min.
700–850	–	–	4–6

4 Den Reis umrühren und weitergaren, zwischendurch einmal umrühren.

Mikrowelle Watt	**Heißluft** °C	**Grill** °C/Stufe	**Zeit** Min.
350–450	–	–	10–12

5 Den Reis zugedeckt etwa 10 Minuten bei Zimmertemperatur nachgaren lassen.

6 Crème fraîche unterrühren, mit Salz, Pfeffer und Petersilie würzen.

Tipp: *Sollte der Reis etwas trocken sein evtl. etwas Wasser unterrühren, den Reis dann evtl. nochmals 2–3 Minuten bei 700 Watt erhitzen.*

Zutaten

3–4 Portionen

gut 400 ml Wasser
2 Pck. getrocknete Pfifferlinge (etwa 10 g)
200 g Langkornreis
1 ½ TL Instant-Hühnerbrühe
1 EL Crème fraîche
Salz
frisch gemahlener Pfeffer
1 EL gehackte Petersilie

Zubereitungszeit:
35 Minuten

Gesamtgarzeit:
18–24 Minuten

Pro Portion:
E: 5 g, F: 2 g, Kh: 42 g, kJ: 826, kcal: 197

RAFFINIERT

Kartoffeln Savoyer Art

Zutaten

3–4 Portionen

700 g mehlig-festkochende Kartoffeln, z. B. Hela
2 Knoblauchzehen
250 ml (¼ l) Gemüsefond oder -brühe
2 Eier
Salz
grober, bunter Pfeffer
80 g geriebener Parmesan oder Parmesan und Emmentaler gemischt
50 g Butterflöckchen

Zubereitungszeit:
35 Minuten

Gesamtgarzeit:
14–17 Minuten

Pro Portion:
E: 17 g, F: 26 g, Kh: 29 g, kJ: 1822, kcal: 435

KLASSISCH

1 Kartoffeln schälen, waschen und in dünne Scheiben schneiden oder hobeln und in ein gefettetes Mikrowellengeschirr einschichten.

2 Knoblauchzehen abziehen, fein hacken, in den Gemüsefond geben, mit Eiern verrühren, salzen, pfeffern und über die Kartoffelscheiben gießen.

3 Käse darüberstreuen, mit Butterflöckchen belegen und zugedeckt in die Mikrowelle stellen.

Mikrowelle Watt	**Heißluft** °C	**Grill** °C/Stufe	**Zeit** Min.
700–850	–	200/3	4–5

4 Das Mikrowellengeschirr aufdecken und offen weitergaren.

Mikrowelle Watt	**Heißluft** °C	**Grill** °C/Stufe	**Zeit** Min.
350–450	–	+	10–12

5 Die Kartoffeln zugedeckt 3–5 Minuten außerhalb des Gerätes nachgaren lassen.

Tipps: *Die Zubereitung der Kartoffeln Savoyer Art ist auch im Ein-Stufengrill möglich. Bitte die Gebrauchsanweisung des Herstellers beachten. Die Kartoffeln Savoyer Art als Beilage zu kurzgebratenem Fleisch, wie Medaillons, Schnitzel oder Rumpsteaks reichen oder als vegetarisches Hauptgericht mit einem Bratling oder einer Gemüse- oder Salatplatte.*

Dampfnudeln

Zutaten

3–6 Portionen

Für den Teig:
250 g Weizenmehl
½ Pck. Trockenhefe
2 EL Zucker
½ Pck. Vanillin-Zucker
1 Prise Salz
1 Ei (Größe M)
50 g zerlassene Butter
100 ml lauwarme Milch
5 EL Milch
½ EL weiche Butter
½ EL Zucker
½ Pck. Vanillin-Zucker

Zubereitungszeit:
75 Minuten

Garzeit:
6–7 Minuten

Pro Portion:
E: 8 g, F: 12 g, Kh: 48 g, kJ: 1454, kcal: 347

KLASSISCH

1 Für den Teig Mehl in eine Schüssel sieben, mit Trockenhefe sorgfältig vermischen. Zucker, Vanillin-Zucker, Salz, Ei, Butter und Milch (100 ml) hinzufügen.

2 Die Zutaten mit Handrührgerät mit Knethaken zunächst auf niedrigster, dann auf höchster Stufe in etwa 5 Minuten zu einem Teig verarbeiten. Den Teig zugedeckt so lange an einem warmen Ort gehen lassen, bis er sich sichtbar vergrößert hat.

3 Den Teig auf höchster Stufe nochmals gut durchkneten, dann zu einer Rolle formen, in 6 gleich große Stücke schneiden und zu Kugeln formen.

4 Milch (5 EL) mit Butter, Zucker und Vanillin-Zucker in eine Auflaufform geben und in die Mikrowelle stellen.

Mikrowelle Watt	**Heißluft** °C	**Grill** °C/Stufe	**Zeit** Min.
700–850	–	–	1–2

5 Die Teigkugeln nicht zu dicht nebeneinander in die Auflaufform setzen. Die Teigkugeln nochmals gehen lassen, bis sie sich sichtbar vergrößert haben. Dann die Form zugedeckt in das Mikrowellengerät stellen.

Mikrowelle Watt	**Heißluft** °C	**Grill** °C/Stufe	**Zeit** Min.
700–850	–	–	etwa 5

6 Die Dampfnudeln zugedeckt außerhalb der Mikrowelle 3 Minuten nachgaren lassen.

Beigabe: *Heißes Pflaumenkompott und Vanille-Sahne-Sauce.*

Backapfel mit Ingwer-Mascarpone-Creme

Zutaten

2 Portionen

2 rotbäckige Äpfel (à 150–175 g)
2 EL Pflaumenmus
2 EL Mandelblättchen
1 Eigelb
100 g Mascarpone
2 TL Zucker
1 Msp. gemahlener Ingwer
evtl. 2 EL Schlagsahne oder Milch
etwas Puderzucker

Zubereitungszeit:
20 Minuten

Gesamtgarzeit:
10–11 Minuten

Pro Portion:
E: 7 g, F: 36 g, Kh: 47 g, kJ: 2375, kcal: x567

RAFFINIERT

1 Äpfel waschen, mit einem Apfelausstecher die Kerngehäuse entfernen.

2 Pflaumenmus mit der Hälfte der Mandeln verrühren und mit einem Teelöffel in die Äpfel füllen. Die Äpfel auf einen Teller geben, mit Mikrowellenfolie zudecken und in die Mikrowelle stellen.

Mikrowelle Watt	**Heißluft** °C	**Grill** °C/Stufe	**Zeit** Min.
700–850	–	–	5–6

3 Die Äpfel noch 1 Minute bei ausgeschaltetem Gerät nachgaren.

4 Eigelb und Zucker mit Handrührgerät mit Rührbesen cremig schlagen und Mascarpone unterheben, evtl. mit Sahne oder Milch verrühren, falls die Creme zu fest sein sollte. Mit Ingwer abschmecken und die Sauce auf 2 Teller verteilen.

5 Jeweils einen Apfel auf den Saucenspiegel setzen und mit etwas Puderzucker bestäuben.

6 Die restlichen Mandelblättchen auf einem Teller in der Mikrowelle offen bräunen, dabei zwischendurch wenden.

Mikrowelle Watt	**Heißluft** °C	**Grill** °C/Stufe	**Zeit** Min.
700–850	–	–	etwa 5

7 Die Mandeln um die Äpfel herum streuen.

Backapfel mit Ingwer-Mascarpone-Creme

Zutaten

2 Portionen

2 rotbäckige Äpfel (à 150–175 g)
2 EL Pflaumenmus
2 EL Mandelblättchen
1 Eigelb
100 g Mascarpone
2 TL Zucker
1 Msp. gemahlener Ingwer
evtl. 2 EL Schlagsahne oder Milch
etwas Puderzucker

Zubereitungszeit:
20 Minuten

Gesamtgarzeit:
10–11 Minuten

Pro Portion:
E: 7 g, F: 36 g, Kh: 47 g, kJ: 2375, kcal: x567

RAFFINIERT

1 Äpfel waschen, mit einem Apfelausstecher die Kerngehäuse entfernen.

2 Pflaumenmus mit der Hälfte der Mandeln verrühren und mit einem Teelöffel in die Äpfel füllen. Die Äpfel auf einen Teller geben, mit Mikrowellenfolie zudecken und in die Mikrowelle stellen.

Mikrowelle Watt	**Heißluft** °C	**Grill** °C/Stufe	**Zeit** Min.
700–850	–	–	5–6

3 Die Äpfel noch 1 Minute bei ausgeschaltetem Gerät nachgaren.

4 Eigelb und Zucker mit Handrührgerät mit Rührbesen cremig schlagen und Mascarpone unterheben, evtl. mit Sahne oder Milch verrühren, falls die Creme zu fest sein sollte. Mit Ingwer abschmecken und die Sauce auf 2 Teller verteilen.

5 Jeweils einen Apfel auf den Saucenspiegel setzen und mit etwas Puderzucker bestäuben.

6 Die restlichen Mandelblättchen auf einem Teller in der Mikrowelle offen bräunen, dabei zwischendurch wenden.

Mikrowelle Watt	**Heißluft** °C	**Grill** °C/Stufe	**Zeit** Min.
700–850	–	–	etwa 5

7 Die Mandeln um die Äpfel herum streuen.

Crème au Caramel

Zutaten

4 Portionen

80–100 g Zucker
2 EL Wasser
etwas Speiseöl
500 ml (½ l) Milch
½–1 Vanilleschote
3 Eier (Größe M)
2 Eigelb (Größe M)
1 Prise Salz
60 g Zucker

Für die Zuckerfäden:
3 EL Zucker
2 EL Wasser

Zubereitungszeit:
45 Minuten, ohne Abkühlzeit

Gesamtgarzeit:
20–26 Minuten

Pro Portion:
E: 11 g, F: 15 g, Kh: 55 g,
kJ: 1698, kcal: 405

FÜR GÄSTE

1 Zucker mit Wasser in ein Mikrowellengefäß geben, offen in die Mikrowelle stellen. Der Karamel soll hellbraun sein. Evtl. einmal umrühren.

Mikrowelle Watt	Heißluft °C	Grill °C/Stufe	Zeit Min.
700–850	–	–	4–5

2 Den Karamel in 4 mit Öl ausgepinselte Portionsfömchen (Ø 8 cm) gießen. Milch mit dem ausgekratzten Mark und der Schote in ein Mikrowellengefäß geben und offen in die Mikrowelle stellen.

Mikrowelle Watt	Heißluft °C	Grill °C/Stufe	Zeit Min.
700–850	–	–	3–4

3 Eier, Eigelb, Salz und Zucker mit einem Schneebesen gut verrühren (nicht schaumig schlagen). Nach und nach die heiße Vanillemilch unterrühren. Die Vanilleschote aus der Eiermilch nehmen und die Milch durch ein feines Sieb in die Förmchen gießen und zugedeckt garen.

Mikrowelle Watt	Heißluft °C	Grill °C/Stufe	Zeit Min.
350–450	–	–	9–12

4 Die Crème caramel mindestens 3 Stunden kalt stellen. Dann die Crème vorsichtig mit einem Küchenmesser vom Rand lösen und auf Portionsteller oder -schälchen stürzen.

5 Für die Zuckerfäden Zucker und Wasser in ein Mikrowellengefäß geben und offen karamellisieren lassen, evtl. einmal umrühren.

Mikrowelle Watt	Heißluft °C	Grill °C/Stufe	Zeit Min.
700–850	–	–	4–5

6 Den Karamell unter Rühren etwas abkühlen lassen. Die Masse mit Hilfe einer Gabel oder eines Löffels in Fäden auf gefettete Alufolie geben und erkalten lassen.

7 Die Karamellfäden von der Alufolie lösen und mehrere Fäden dekorativ auf die Crème au Caramel legen.

Reis Trautmannsdorff

1 Milch mit Sahne, Vanillemark und -schote (oder Vanillezucker), Salz, Zucker und Milchreis in ein hohes Mikrowellegeschirr geben und zugedeckt in die Mikrowelle stellen.

Mikrowelle Watt	**Heißluft** °C	**Grill** °C/Stufe	**Zeit** Min.
700–850	–	–	3–5

2 Den Reis umrühren und weitergaren. Zwischendurch zweimal umrühren.

Mikrowelle Watt	**Heißluft** °C	**Grill** °C/Stufe	**Zeit** Min.
150–200	–	–	24–26

3 Den Reis außerhalb der Mikrowelle zugedeckt 5 Minuten nachgaren lassen. Die Vanilleschote entfernen und den Reis abkühlen lassen.

4 Sahne schlagen und unter den abgekühlten Reis ziehen.

5 Sauerkirschen abtropfen lassen. Kirschen mit Kirsch- oder Zwetschenwasser beträufeln, im Wechsel mit dem Reis in eine Glasschüssel schichten.

6 Den Reis mit Sauerkirschen, Schokoladenraspeln oder Pistazienkernen garnieren und bis zum Servieren kalt stellen.

Tipp: *Zum Garen von Milchreis ist es wichtig, ein hohes Gefäß zu verwenden, da die Milch (oder Sahne) beim Garen steigt. Ist das Gefäß zu niedrig, kocht der Reis über!*

Abwandlung: Milchreis
Für den Milchreis 500 ml (½ l) Milch mit 1 Pck. Bourbon-Vanillezucker, 1 Prise Salz, ½ EL Zucker und 110 g Milchreis wie oben beschrieben garen. Den garen Milchreis mit gebräunter Butter, Zucker und Zimt und nach Belieben mit Kompott servieren.

Zutaten

5–6 Portionen

400 ml Milch
100 ml Schlagsahne
½ aufgeritzte Vanilleschote oder 1 Pck. Bourbon-Vanillezucker
1 Prise Salz
1 ½ EL Zucker
100 g Milchreis (Rundkornreis)
150 ml Schlagsahne
etwa 450 g Sauerkirschen (aus dem Glas)
2 EL Kirsch- oder Zwetschenwasser
Sauerkirschen
Schokoladenraspeln oder Pistazienkerne

Zubereitungszeit:
45 Minuten

Gesamtgarzeit:
27–31 Minuten

Pro Portion:
E: 4 g, F: 16 g, Kh: 28 g, kJ: 1225, kcal: 292

KLASSISCH

Rote Grütze

(Foto)

Zutaten

3 Portionen

250 ml (¼ l) Sauerkirsch- oder Johannisbeersaft
50 g Zucker, 30 g Perl-Sago
300 g TK-Beeren-Cocktail (aufgetaut oder unaufgetaut)
Zitronensaft

Zubereitungszeit:
20 Minuten

Gesamtgarzeit:
13–17 Minuten

Pro Portion:
E: 1 g, F: 1 g, Kh: 41 g,
kJ: 762, kcal: 182

KLASSISCH

1 Den Saft mit Zucker und Sago in ein hohes Mikrowellengefäß geben, verrühren und zugedeckt in die Mikrowelle stellen.

Mikrowelle Watt	**Heißluft** °C	**Grill** °C/Stufe	**Zeit** Min.
700–850	–	–	3–4

2 Den Saft umrühren und zugedeckt weitergaren, zwischendurch einmal umrühren.

Mikrowelle Watt	**Heißluft** °C	**Grill** °C/Stufe	**Zeit** Min.
350–450	–	–	7–9

3 Beeren hinzufügen und zugedeckt fertig garen.

Mikrowelle Watt	**Heißluft** °C	**Grill** °C/Stufe	**Zeit** Min.
700–850	–	–	3–4

4 Die Grütze mit Zitronensaft abschmecken und erkalten lassen.

Heißes Pflaumenkompott

Zutaten

3 Portionen

750 g Pflaumen
2 EL Zucker, 30 g Butter
1 Stück Zimtstange

Zubereitungszeit:
20 Minuten

Gesamtgarzeit:
5–6 Minuten

Pro Portion:
E: 2 g, F: 9 g, Kh: 44 g,
kJ: 1150, kcal: 274

1 Pflaumen waschen, abtrocknen, halbieren, entsteinen und mit Zucker, Butter und Zimtstange in ein Mikrowellengefäß geben und zugedeckt in die Mikrowelle stellen.

Mikrowelle Watt	**Heißluft** °C	**Grill** °C/Stufe	**Zeit** Min.
700–850	–	–	5–6

2 Die Früchte zwischendurch zweimal umrühren, dann nach Geschmack mit Zucker abschmecken.

Tipp: *Heißes Pflaumenkompott zu Dampfnudeln reichen.*

Leichte Mousse au chocolat
(Foto)

Zutaten

3 Portionen

100 g Halbbitter Kuvertüre
50 g Vollmilch-Kuvertüre
3 Eiweiß, 100 ml Schlagsahne
½ Pck. Sahnesteif

Zubereitungszeit:
15 Minuten

Garzeit:
3–4 Minuten

Pro Portion:
E: 4 g, F: 18 g, Kh: 36 g,
kJ: 1421, kcal: 340

1 Die beiden Kuvertüren sehr dünn schneiden, in ein Mikrowellengeschirr geben und zugedeckt in die Mikrowelle stellen.

Mikrowelle Watt	**Heißluft** °C	**Grill** °C/Stufe	**Zeit** Min.
350–450	–	–	3–4

2 Die Kuvertüre durchrühren, ins kalte Wasserbad stellen und abkühlen lassen.

3 Eiweiß steif schlagen. Sahne etwa ½ Minute schlagen, Sahnesteif einstreuen, die Sahne steif schlagen.

4 Die geschmolzene Kuvertüre auf den Eischnee geben, vorsichtig unterheben, dann die steifgeschlagene Sahne unterziehen. Die Masse mehrere Stunden kalt stellen.

Schokoladen-Mandel-Pudding

Zutaten

4 Portionen

75 g weiche Butter
75 g Zucker, 4 Eigelb (Größe M)
75 g geriebene Schokolade
40 g Semmelbrösel
1 Msp. Backpulver
75 g abgezogene, gemahlene Mandeln
1 gestr. TL gesiebter Kakao
4 Eiweiß, Semmelbrösel

Zubereitungszeit:
30 Minuten

Garzeit:
12–15 Minuten

Pro Portion:
E: 13 g, F: 37 g, Kh: 37 g,
kJ: 2343, kcal: 559

1 Butter oder Margarine geschmeidig rühren. Nach und nach Zucker, Eigelb, Schokolade, Semmelbrösel, Mandeln und Kakao unterrühren.

2 Eiweiß steif schlagen. Ein Drittel des Eierschnees unterrühren und den Rest unterheben.

3 Die Masse in eine gut gefettete, mit Semmelbrösel ausgestreute mikrowellengeeignete Puddingform (1–1 ¼ l Inhalt) füllen. Die Form zugedeckt in die Mikrowelle stellen.

Mikrowelle Watt	**Heißluft** °C	**Grill** °C/Stufe	**Zeit** Min.
350–450	–	–	12–15

4 Den Schokoladen-Mandel-Pudding zugedeckt 5 Minuten außerhalb der Mikrowelle nachgaren lassen.

Beigabe: *Vanille-Sahne-Sauce oder geschlagene Sahne mit Eierlikör.*

Vanille-Sahne-Sauce

Zutaten

3–4 Portionen

1 Pck. Saucenpulver Vanille-Geschmack
2 schwach geh. EL Zucker
4–6 EL kalte Milch
1 Ei, 500 ml (½ l) Milch
125 ml (⅛ l) Schlagsahne

Zubereitungszeit:
15 Minuten

Gesamtgarzeit:
6–8 Minuten

Pro Portion:
E: 7 g, F: 16 g, Kh: 22 g,
kJ: 1132, kcal: 270

1 Saucenpulver mit Zucker und kalter Milch in einer großen Glas- oder Porzellanschüssel anrühren.

2 Ei mit Milch und Sahne hinzufügen, mit einem Schneebesen gut durchrühren und zugedeckt in die Mikrowelle stellen. Zwischendurch zwei- bis dreimal umrühren.

Mikrowelle Watt	**Heißluft** °C	**Grill** °C/Stufe	**Zeit** Min.
700–850	–	–	6–8

Tipp: *Vanille-Sahne-Sauce warm oder kalt zu Pudding oder Kompott servieren.*

Heiße Schokoladensauce

Zutaten

3–4 Portionen

100 g Halbbitterschokolade
50 ml Wasser

Zubereitungszeit:
5 Minuten

Gesamtgarzeit:
2–3 Minuten

Pro Portion:
E: 2 g, F: 8 g, Kh: 12 g,
kJ: 548, kcal: 131

1 Die Schokolade hacken oder in Stücke brechen, mit Wasser in ein Mikrowellengeschirr geben und offen in die Mikrowelle stellen.

Mikrowelle Watt	**Heißluft** °C	**Grill** °C/Stufe	**Zeit** Min.
350–450	–	–	2–3

2 Die Sauce vor dem Servieren mit dem Schneebesen durchrühren.

Tipp: *Zu Eis reichen.*

Weiße Schokoladensauce

1 Schokolade in kleine Stücke brechen, mit Sahne in eine Glas- oder Porzellanschüssel geben und offen in die Mikrowelle stellen.

Mikrowelle Watt	Heißluft °C	Grill °C/Stufe	Zeit Min.
350–450	–	–	etwa 3

2 Die Sauce mit einem Schneebesen umrühren und erkalten lassen. Zwischendurch umrühren, damit sich keine Haut bildet.

Tipp: *Weiße Schokoladensauce zu Mousse au chocolat, Fruchtsalat oder Eis reichen.*

Zutaten

3–4 Portionen

100 g weiße Schokolade
125 ml (⅛ l) Schlagsahne

Zubereitungszeit:
10 Minuten

Gesamtgarzeit:
etwa 3 Minuten

Pro Portion:
E: 2 g, F: 17 g, Kh: 16 g,
kJ: 993, kcal: 237

RAFFINIERT

Sauerkirschsauce

1 Sauerkirschen waschen, entstielen, entsteinen, mit Zucker und Zimtstange in einer Glasschüssel zugedeckt in die Mikrowelle stellen. Zwischendurch einmal umrühren.

Mikrowelle Watt	Heißluft °C	Grill °C/Stufe	Zeit Min.
700–850	–	–	4–6

2 Speisestärke mit Wasser anrühren, in den Fruchtsaft rühren und zugedeckt weitergaren.

Mikrowelle Watt	Heißluft °C	Grill °C/Stufe	Zeit Min.
700–850	–	–	5–8

3 Die Sauerkirschsauce zugedeckt außerhalb der Mikrowelle nachgaren lassen.

Zutaten

4 Portionen

500 g Sauerkirschen
50 g Zucker, 1 Zimtstange
1 geh. TL Speisestärke
1–2 EL kaltes Wasser

Zubereitungszeit:
25 Minuten

Gesamtgarzeit:
9–14 Minuten

Pro Portion:
E: 1 g, F: 0 g, Kh: 25 g,
kJ: 488, kcal: 116

FÜR KINDER

Ratgeber

Was sind Mikrowellen?

Mikrowellen gehören zur Familie der elektromagnetischen Wellen. Diese Wellen sind in der Lage, auf drahtlosem Wege Energie zu übertragen. Nahe Verwandte der Mikrowellen sind die Kurzwellen, die jeder von Radio und Fernsehen her kennt. Nur werden sie nicht zum Übertragen von Musik und Fernsehbildern, sondern zum Garen von Speisen genutzt.

Die Wellen werden von einem Metallventilator gleichmäßig im gesamten Garraum verteilt und gleichzeitig von den Metallwänden des Garraums reflektiert. So gelangen die Mikrowellen von allen Seiten an das Lebensmittel.

Mikrowellen durchdringen Porzellan, Glas, Pappe, Stoff, Kunststoff, aber kein Metall. Deshalb sind Gefäße aus Metall und Gefäße, die mit diesem Material versehen sind (Dekor) ungeeignet für Ihr Mikrowellengerät.

Bekanntlich enthält jedes Nahrungsmittel Wasser. Diesen natürlichen Wassergehalt nutzen die Mikrowellen aus, sie setzen die Wassermoleküle in Bewegung. Durch die starken Schwingungen der Moleküle entsteht Wärme, die von der Außenseite zum Kern der Speise wandert und sie auftaut, erhitzt und/oder gart. Diese direkte Wärmeerzeugung in den Speisen ermöglicht es, dass Nahrungsmittel im allgemeinen ohne bzw. mit wenig Flüssigkeits- oder Fett-Zusatz in das Mikrowellengerät gegeben werden können und schneller auftauen, erhitzen oder garen als mit Hilfe eines herkömmlichen Herdes.

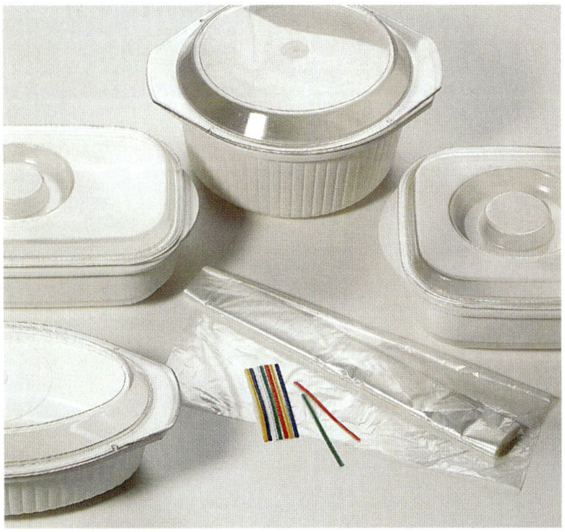

Geschirr

Genau wie für das Mikrowellen-Sologerät eignen sich auch für das Kombinationsgerät alle hitzebeständigen Geschirrarten, die einen direkten Durchgang der Mikrowellen zum Gargut ermöglichen. Dazu gehören:

- feuerfestes Glasgeschirr und Porzellan.
- Keramik, Ton und Steingut (nur glasierte Formen).

Mikrowellenfolien dürfen niemals mit metallhaltigen Verschlüssen (Metallclips) verschlossen werden. Es besteht Entzündungsgefahr!
Vorsicht beim Einsatz „mikrowellengeeigneter" Kunststoffgefäße und -folien in Mikrowellen-Kombinationsgeräten: Beim Zuschalten von Ober- und Unterhitze bzw. Infrarotgrill entstehen wesentlich höhere Temperaturen im Garraum, die der Kunststoff in der Regel nicht verträgt.

Die verschiedenen Mikrowellengeräte

Neben den Solo-Mikrowellengeräten gibt es auch Kombinationsgeräte. Diese verbinden die Vorteile der herkömmlichen Gartechnik mit denen der Mikrowelle. Folgende Betriebsarten sind bei den neuen Kombinationsgeräten möglich:

- Mikrowelle ohne herkömmliche Beheizungsarten
- Heißluft/Umluft mit und ohne zugeschalteter Mikrowelle
- Grill mit und ohne zugeschalteter Mikrowelle

Vorraussetzung für ein reibungsloses, erfolgreiches Arbeiten mit Ihrem Mikrowellen- und Mikrowellen-Kombinations-Gerät ist, daß Sie sich erst einmal anhand der Gebrauchsanleitung informieren, welche Möglichkeiten Ihr Gerät bietet.

Ratgeber

Leistungseinstellungen der Mikrowellengeräte
Je nach Hersteller sind auf der Bedienblende des Mikrowellengerätes vermerkt: die Einstellung für Mikrowellenleistungen in WATT, in STUFEN in SYMBOLEN oder in KLARTEXT.

Die Rezepte in diesem Buch sind bei maximalen Leistungsstufen von 700-850 Watt bzw. für eine 9-stufige Mikrowellenleistung erarbeitet.
Bei Geräten, die eine 1000-Watt-Leistungsstufe haben, ist zu beachten, daß diese Stufe ausschließlich zum Erhitzen von Flüssigkeit dient.
Die nachfolgende Aufstellung dient als Anhaltspunkt zum Nachvollziehen der Rezepte in Mikrowellengeräten mit anderen Leistungsstufen.

Mikrowellenleistung:

Watt	9-Stufengerät	5-Stufengerät	Klartext
100–180	1–2	1	Auftauen
200–300	3–4	2	Fortkochen
350–450	5–6	3	Erhitzen
500–600	7–8	4	Garen
700–850	9	5	Maximale Leistung

Beim Garen von Nahrungsmitteln ist die Zeit-Differenz pro 100 Watt +/- 1 Minute.
Mikrowellen-Kombinations-Geräte wie z. B. Mikrowelle + Grill oder Mikrowelle + Heißluft sind entweder mit einer Temperatur-Angabe oder einem Ein- oder Drei-stufigen Grill ausgestattet.
In den Rezepten werden die Einstellungen und Garzeiten durch unterlegte Balken hervorgehoben.

Mikrowelle	Heißluft	Grill	Zeit
Watt	°C	°C/Stufe	Min.
350–450	200–220	230/3	30–32

Mikrowelle:
Im Rezept wird die erforderliche Mikrowellenleistung in Watt angegeben. Bei Geräten ohne Watt-Angaben ist die Umrechnungstabelle (s. o.) zu beachten. Für Mikrowellen-Sologerichte werden die Formen auf den Drehteller bzw. Boden des Gerätes gestellt.
Heißluft:
Bei Zuschaltung von Heißluft sind die Rezeptangaben zu beachten.
Grill:
Je nach Ausstattung des Mikrowellengerätes wird die Grill-Leistung in Grad Celsius oder Stufen angegeben. Bei Rezepten mit Grill-Einstellung: 200 °C/Stufe 3 kann auch der Ein-Stufen-Grill (1300 Watt und höher) eingesetzt werden. Aufläufe und Gratins dann immer auf den Drehteller des Gerätes stellen.) Sind in den Rezepten sowohl Heißluft als auch Grill-Einstellungen angegeben, kann der Mikrowelle entweder Heißluft oder Grill zugeschaltet werden.
Erarbeitet wurden die Rezepte mit einer Grill-Leistung von 1300 Watt.
Ist Ihr Kombinationsgerät mit einer Gril-Leistung von 1500–1700 Watt ausgestattet, so müssen Sie nach ⅔ der Garzeit die Bräunung beobachten und den Grill evtl. ausschalten.
Zeitangabe:
Garzeiten sind von der Beschaffenheit und der Temperatur des verwendeten Lebensmittels abhängig.
In den Rezepten wurden deshalb Zeitspannen angegeben. Die kürzere Zeitangabe gilt immer für die höhere Mikrowellenleistung.
Grundsätzlich gilt die Faustregel: **Doppelte Menge** des Gargutes erfordert auch **doppelte Zeit.**

Was Sie beachten sollten:
Nahrungsmittel, die im Mikrowellengerät zubereitet werden, sollten – je nach Speise – zwischen 1–10 Minuten (siehe Rezept-Angaben) nach dem Garvorgang außerhalb des Gerätes abgedeckt ruhen. Während dieser Zeit wird die Ausgleichswärme gleichmäßig in der Speise verteilt; das Gericht gart also noch nach.

Ratgeber

Erhitzen

	Menge	Leistung Watt	Zeit Min.	Ausgleichszeit bei Zimmertemp. Min.
Getränke				
Kaffee 1 Tasse	125 ml	700–850	½–1	½
Milch	125 ml	700–850	½–1	½
Wasser	125 ml	700–850	1½–1	½
Babyflasche (Milch)	ca. 200 ml	700–850	1½–1	½
Verschiedene Speisen				
Kindernahrung 1 Glas	ca. 200 g	700–850	1–2	1
Suppe	250 ml	700–850	2–3	1
Gegarte Gerichte				
Hühnerfrikassee mit Reis	400 g	700–850	4–5	2
Nudeln mit Tomatensauce	300 g	700–850	3–4	2

Hinweise und Tips

- Die erforderliche Erhitzungszeit ist abhängig von der Beschaffenheit, der Menge und der Ausgangstemperatur der Speisen.
- um ein Austrocknen der Speisenoberfläche zu vermeiden, sollten fertige Gerichte nur zugedeckt erhitzt werden. Größere Speisenmengen während des Erhitzens ab und zu umrühren, und zwar die äußeren Schichten zur Mitte, da sich die Ränder schneller erhitzen.

- Verschlossene Gefäße, z. B. Gläser mit Babynahrung, vor dem Erhitzen immer öffnen. Dies gilt auch für Babyflaschen: Verschlußplatte und Sauger entfernen. Den Inhalt nach dem Erhitzen gut durchrühren oder schütteln, um eine gleichmäßige Wärmeverteilung zu erzielen. Die Babynahrung probieren, bevor ein Kind damit gefüttert wird. Auch sollte der Sauger nicht mit erwärmt werden; das Material kann heiß und porös werden. Bei Einhaltung dieser Vorsichtsmaßnahmen sind Mikrowellengeräte zum Erwärmen von Babykost gut geeignet.
- Wählen Sie für Speisen, die während des Erhitzungs- oder Garvorganges nicht gerührt oder gewendet werden können oder die von der Konsistenz her sehr unterschiedlich sind, eine geringere als die maximale Leistungseinstellung und eine etwas längere Erhitzungs- oder Garzeit.
- Die Garzeiten sind abhängig von der Beschaffenheit der Speise. Besonders beim Garen von Gemüse macht sich bemerkbar: **Je frischer und wasserhaltiger, desto kürzer die Garzeit.** Gemüse mit gleicher Garzeit in gleich große Stücke schneiden, damit es gleichzeitig gar wird.

- Die erforderlichen Gar- und Erhitzungszeiten sind auch abhängig von der Ausgangstemperatur der Speisen: Gargut aus dem Kühlschrank benötigt längere Zeiten als Speisen mit Raumtemperatur.
- Achten Sie bitte bei der Zubereitung von Eierspeisen, Geflügel- und Fischgerichten auf gleichmäßiges und sicheres Erreichen einer Temperatur von mindestens 70 °C. Wenden oder Rühren der Speisen sowie evtl. Verlängerung der Erhitzungs- oder Garzeit tragen dazu bei.
- Heizen Sie bitte den Grill vor Einschieben des Grillgutes etwa 5 Minuten vor, wenn die Grillzeit kürzer ist als 15 Minuten.
- Bei der Zubereitung von Milchspeisen, wie z. B. Pudding, Milchreis und Grießspeise, ist es wichtig, ein hohes, großes Gefäß zum Garen zu verwenden, da die Milch beim Garen hochsteigt – beim zu kleinen Gefäße kann die Speise dann überkochen.

Ratgeber

Praktische Tips

Art	Gewicht/Menge	Leistung/Watt	Zeit in Min.	Hinweise Ausgleichszeit
Butter/ Margarine schmelzen	100 g	350–450	2–3	offen schmelzen
Schokolade schmelzen	100 g	350–450	3–4	offen schmelzen zwischendurch umrühren
Gelatine auflösen	1 Päckchen + 5 EL Wasser	200–300	1–2	offen auflösen zwischendurch umrühren
Tortenguß zubereiten	1 Päckchen + ¼ l Flüssigkeit	500–600	4–5	offen erhitzen zwischendurch umrühren
Hefeteig:	Vorteig v. 100 g Mehl Teig v. 500 g Mehl	80	6–8 8–10	zugedeckt aufgehen lassen zugedeckt aufgehen lassen
Mandeln	100 g	700–850	1–2	zugedeckt mit etwas Wasser erhitzen
Karamel	3 EL Zucker + 2 EL Wasser	700–850	etwa 4	zwischendurch umrühren
auskristallisierten Honig verflüssigen	500 g	100–200	2–3	offen im Honigglas erhitzen, zwischendurch umrühren
Aprikotieren	3 geh. EL Aprikosenkonfitüre (durch ein Sieb gestrichen), 2 EL Wasser oder Rum	700–850	offen 2–3	
Frühstücksspeck ausbraten	100 g	500–600	2–3	offen auf Kross & Fritt-Papier legen
Trockenfrüchte einweichen	250 g	150–200	10–12	mit etwas Flüssigkeit auffüllen, offen in das Gerät stellen
Tomaten enthäuten	2 Stück (200 g)	350–450	2–4	Tomaten an der Blüte kreuzweise einschneiden, auf einem Teller (Boden mit Wasser bedeckt) legen, einmal wenden.

Auftauen

Art	Menge	Leistung/Watt	Zeit in Min.	Ausgleichszeit bei Zimmertemperatur in Min.
Fleisch				
Fleisch	500 g	150	15–20	5–10
Schnitzel/Steak	200 g	150	4–5	2–3
Hackfleisch	ca. 250 g	150	10–12	10
Geflügel				
Hähnchen	ca. 1000 g	150	35–40	10–15
Putenkeulen	ca. 500 g	150	10–20	10–15
Fisch				
Fischfilet	250 g	150	6–7	10
Forelle	170 g	150	5	10
Kuchen/Gebäck/Brot				
Sandkuchen	1 Stck. 100 g	150	1	5
Obstkuchen	3 Stck. ca. 300 g	150	6–7	10–15
Butterkuchen	3 Stck. ca. 300 g	150	5–6	5–10
Hefegebäck	4 Stck.	150	5–6	5–10
Brötchen	1 Stck. ca. 50 g	150	1–1½	5–10
Toastbrot	1 Scheibe	150	½–1	ca. 3–4
Graubrot	ca. 500 g	150	8–10	10–15
Obst				
Erdbeeren	250 g	150	7–8	10–15
Johannisbeeren	250 g	150	7–8	10–15
Himbeeren	250 g	150	6–7	10–15

Kapitelregister

Kapitelregister

Fisch

Gemüse & Beilagen

Desserts & süße Saucen

Alphabetisches Register

Alphabetisches Register

Umwelthinweis	Dieses Buch und der Schutzumschlag wurden auf chlorfrei gebleichtem Papier gedruckt. Die Einschrumpffolie – zum Schutz vor Verschmutzung – ist aus umweltfreundlicher und recyclingfähiger PE-Folie.
Hinweis	Wenn Sie Anregungen, Vorschläge oder Fragen zu unseren Büchern haben, rufen Sie uns an unter folgender Nummer: 05 21/1 55 25 80 oder 52 06 51 oder schreiben Sie uns:
	Dr. Oetker Verlag KG Am Bach 11 33602 Bielefeld
Wir danken für die freundliche Unterstützung	Ketchum PR, München Miele Versuchsküche, Gütersloh Toppits, Minden
Copyright	© 1999 by Dr. Oetker Verlag KG, Bielefeld
Redaktion	Andrea Konetzke
Fotos Titelfoto	Thomas Diercks, Hamburg
Innenfotos	Brigitte Wegner, Bielefeld Ulrich Kopp, Füssen Thomas Diercks, Hamburg Kramp & Gölling, Hamburg Norbert Toelle, Bielefeld
Rezeptentwicklung und -beratung	Annette Elges, Bielefeld
Grafisches Konzept Gestaltung Titelgestaltung	Björn Carstensen, Hamburg KonturDesign, Bielefeld KonturDesign, Bielefeld
Reproduktionen	Kruse Reproduktionen GmbH, Vreden
Satz	Typografika, Bielefeld
Druck	MOHN Media • Mohndruck GmbH, Gütersloh

ISBN 3-7670-0240-X